ro
ro
ro

roroo computer
Herausgegeben von Ludwig Moos

Kaum ein Online-Auftritt kommt noch ohne Java-Script aus. Mit dieser Sprache lassen sich kleine Programme – Scripte genannt – für die Web-Browser schreiben. Jeder kann sie erstellen und so seine Website dynamisieren und attraktiv gestalten, denn für JavaScript benötigt man weder besondere Entwicklungsumgebungen noch Compiler. Dieses Buch beschreibt anschaulich die Programmierung in JavaScript. Schritt für Schritt lernt der Nutzer die einzelnen Sprachelemente und die Objekte mit ihren Eigenschaften und Methoden kennen. Anhand vieler nützlicher Beispielprogramme und Übungsaufgaben kann er die Erläuterungen nachvollziehen und das Gelernte überprüfen.

Helmut Erlenkötter arbeitet als DV-Berater und führt Seminare über Projektmanagement, Datenbanken und Programmierung im Bereich der Erwachsenenausbildung durch.

In der Reihe rororo computer hat er, teils zusammen mit Volker Reher, außerdem veröffentlicht: *C – Programmieren von Anfang an (60074), C++ – Programmieren von Anfang an (60077) HTML (60085), Windows 3.1 (19230), Windows 95 (19801), Windows 98 (19893), Delphi (19858), Java (19872)* und *Java-Applikationen (19898)*.

Helmut Erlenkötter

JavaScript
Programme für die Website

Grundkurs
Computerpraxis

Rowohlt Taschenbuch Verlag

Veröffentlicht im Rowohlt
Taschenbuch Verlag GmbH,
Reinbek bei Hamburg, August 2001
Copyright © 2001 by
Rowohlt Taschenbuch Verlag GmbH,
Reinbek bei Hamburg
Umschlaggestaltung Walter Werner
Textgrafiken vom Autor
Satz Stone Serif und Stone Sans PostScript,
QuarkXPress 4 bei UNDER/COVER, Hamburg
Druck und Bindung Clausen & Bosse, Leck
Printed in Germany
ISBN 3 499 61201 1

Die Schreibweise entspricht
den Regeln der neuen Rechtschreibung.

Inhalt

Editorial 8

1   Prolog 9

1.1   Was ist JavaScript? 9
1.2   Was kann JavaScript? 10
1.3   Kleiner Leitfaden 12

2   Erste Schritte 15

2.1   JavaScript und HTML 15
2.2   JavaScript und die Browser 22
2.3   Zusammenfassung 27
2.4   Übungen 28

3   Daten und Funktionen 29

3.1   Variablen und Konstanten 29
3.2   Objektmanipulationen 36
3.3   Funktionen 37
3.3.1   Prozedurale Funktionen 38
3.3.2   Funktionen mit Parametern 42
3.3.3   Funktionen mit Rückgabewerten 43
3.3.4   Sichtbarkeit und Lebensdauer von Variablen 45
3.4   Zusammenfassung 48
3.5   Übungen 49

4   Entscheidungen 51

4.1   Entscheidungen in Ausdrücken 51
4.2   Bedingte Anweisungen 54

4.3	Einfache Verzweigungen	57
4.4	Geschachtelte Verzweigungen	59
4.5	Logische Verknüpfungen	60
4.5.1	Die Grundverknüpfungen	61
4.5.2	Reihenfolge der Auswertung	62
4.5.3	Logische Werte	64
4.5.4	Sonderverknüpfungen	65
4.6	Mehrfachverzweigungen	69
4.7	Zusammenfassung	73
4.8	Übungen	73

5 **Wiederholungen 77**

5.1	Zählschleifen	77
5.1.1	Einfache Schleifen	77
5.1.2	Geschachtelte Schleifen	81
5.2	Schleifen für Objekteigenschaften	83
5.3	Bedingungsschleifen	85
5.3.1	Die while-Schleife	85
5.3.2	Die do-Schleife	88
5.4	Schleifen aussetzen	89
5.5	Zusammenfassung	94
5.6	Übungen	95

6 **Zeichenketten 97**

6.1	Zeichenketten erzeugen	97
6.2	HTML-Formatierungen	101
6.3	Analysemethoden	104
6.4	Einfache Textmanipulationen	106
6.4.1	Texte verketten	106
6.4.2	Texte zerlegen und umformen	108
6.5	Suchen und Ersetzen	111
6.5.1	Einfache Suche	112
6.5.2	Suchmuster	114
6.5.3	Komplexe Suche	118
6.5.4	Ersetzen	131
6.6	Zusammenfassung	135
6.7	Übungen	136

7   Daten- und Berechnungsobjekte 138

7.1   Arrays 138
7.1.1   Arrays ordnen 142
7.1.2   Elemente bearbeiten 145
7.1.3   Zeichenketten als Arrays 148
7.1.4   Arrays bei Suchergebnissen 149
7.1.5   Mehrdimensionale Arrays 151
7.2   Datums- und Zeitangaben 153
7.3   Mathematische Berechnungen 157
7.4   Wrapper 159
7.5   Zusammenfassung 162
7.6   Übungen 163

8   Fenster und Dokumente 165

8.1   Die Fensterobjekte 165
8.2   Fensterereignisse 177
8.3   Dokumentobjekte 184
8.4   Zusammenfassung 198
8.5   Übungen 199

9   Anhang 200

9.1   Reservierte Wörter 200
9.2   Farbwerte 200
9.3   Operatoren 206
9.4   JavaScript-Objekte 210
9.5   Abkürzungen 234
9.6   Lösungen zu den Übungsaufgaben 234
9.7   Register 249

Editorial

Das Zusammenleben der Menschen wird immer stärker von informationsverarbeitenden Maschinen geprägt. Die meisten von uns werden direkt oder indirekt mit Computern zu tun haben. Eine besondere Rolle spielt dabei der millionenfach verbreitete Personalcomputer (PC). Schüler, Studenten und Angehörige aller Berufsgruppen spielen oder arbeiten schon heute mit diesem Gerät.

Der Einsatz des persönlichen Computers wird weniger von der Fähigkeit des Benutzers bestimmt, das Gerät in seiner Technizität (Hardware) zu verstehen, als vielmehr davon, es mit Hilfe der Computerprogramme (Software) zu bedienen.

Der «Grundkurs Computerpraxis» erklärt Informationsverarbeitung sehr konkret und auf einfache Weise. Dabei steht das, was den Computer im eigentlichen Sinne funktionieren lässt, im Vordergrund: die Software. Sie umfasst

- Betriebssysteme,
- Anwenderprogramme,
- Programmiersprachen.

Ausgewählt werden Programme, die sich hunderttausendfach bewährt und einen Standard gesetzt haben, der Gefahr des Veraltens also nur in geringem Maße unterliegen.

Im «Grundkurs Computerpraxis» wird das praktische Computerwissen übersichtlich gegliedert, auf das Wesentliche begrenzt und mit Grafiken, Beispielen und Übungen optimal zugänglich gemacht.

Dem «Grundkurs Computerpraxis» liegt ein didaktisches Konzept zugrunde, das von Dipl.-Hdl. Rudolf Hambusch, Referatsleiter im Landesinstitut für Schule und Weiterbildung Soest, entwickelt wurde. Es will das Computerwissen für jedermann verständlich machen. Die Autoren sind erfahrene Berufspädagogen, Praktiker oder Mitarbeiter in Weiterbildungsprojekten.

1 Prolog

Wie macht man das? Vielleicht haben Sie sich diese Frage schon oft gestellt, wenn Sie Internetseiten mit Animationen gesehen haben oder sich die Webseiten je nach Tages- oder Jahreszeit anders darstellen. Eine Antwort darauf kann JavaScript sein. Dieses Buch wird Sie systematisch an Hand vieler praktischer Beispiele in diese Programmiersprache einführen.

1.1 Was ist JavaScript?

Das Wichtigste vorweg: JavaScript ist nicht Java! Obwohl die Namen ähnlich sind, gibt es eine Fülle von Unterschieden. Doch dazu später.

JavaScript ist – wie der Name schon sagt – eine Skriptsprache. So werden Programmiersprachen bezeichnet, die in erster Linie entwickelt worden sind, um mittels mehr oder weniger kleiner Code-Bausteine andere Systeme zu automatisieren und zu steuern. Mit ihnen kann man nur schwer komplexe eigenständige Anwendungen erstellen.

Dynamisches HTML

JavaScript wurde 1995 von Netscape in den Browser *Navigator 2.0* als Erweiterung zur HTML und Browsersteuerung integriert. Andere Hersteller, insbesondere Microsoft, folgten und implementierten ebenfalls Skriptsprachen für ihre Browser, darunter immer JavaScript. Programme in dieser Sprache waren Anfangs immer Bestandteil einer HTML-Datei und wurden als Quellcode gespeichert und im Internet übertragen. Die Browser interpretieren ihre Anweisungen; ein Compiler, der daraus Binärdateien erzeugt, ist nicht nötig. Heute kann man diese Programme jedoch auch als eigenständige Datei mit der Erweiterung *.js* verwalten.

Windows Scripting

Seit *Windows 98* gibt es auch Skriptsprachen für Windows. Sie ersetzen die alten Batchkommandos aus DOS und den Windowsvorläufern. Darunter ist auch JavaScript. Solche Programme werden als Datei mit der Erweiterung *.js* gespeichert und steuern Windowsabläufe oder Windowsanwendungen, zum Beispiel *Excel* oder *Word*.

Sprachsyntax

Wenn man sich ein JavaScript-Programm anschaut, wird man sehr große Ähnlichkeiten mit der Sprache Java feststellen. Das mag daran liegen, dass viele Sprachelemente und Ideen aus den Anfängen von Java übernommen worden sind. Jedoch lassen sich mit JavaScript nicht alle objektorientierten Konzepte realisieren, wie dies in Java möglich ist. So können beispielsweise keine eigenen Klassen definiert werden. Vererbung und Polymorphie sind ebenfalls nicht möglich. Statt einer Klassenbibliothek stehen JavaScript nur die internen Objektmodelle der Browser zur Verfügung.

Hier noch einmal die wichtigsten Unterschiede zwischen Java und JavaScript:

	Java	JavaScript
Hersteller	Sun	Netscape
Compiler	ja	nein
Dateiextension	.java/.class	.js
Klassendefinition	ja	nein
Klassenbibliothek	ja	nein
Objektmodell	plattformunabhängig	browserabhängig

1.2 Was kann JavaScript?

Was eine Sprache ist und ob es sich lohnt, sie zu erlernen, kann man wohl am besten entscheiden, wenn man sich anschaut, welche Möglichkeiten sie bietet. Deshalb sollen hier ganz kurz wichtige Einsatzgebiete von JavaScript skizziert werden. Einige Beispiele dazu werden dann in den weiteren Kapiteln dieses Buches erläutert.

Seiteninhalte generieren

Den Inhalt einer Webseite kann man fast vollständig in JavaScript erstellen. Dies macht Sinn, wenn es sich dabei um sich ständig ändernde Informationen handelt. Einfache Beispiele sind das Tagesdatum und die aktuelle Uhrzeit. Auch browserabhängige Inhalte können erzeugt werden. Beispiele finden Sie in Kapitel 8.1.

Bilddarstellung steuern

Je nach Bildschirmauflösung oder Tageszeit können per JavaScript andere Grafiken angezeigt werden. Auch lassen sich Bilder austauschen, wenn der Mauszeiger darüber hinwegfährt. Mehr dazu zeigt Kapitel 8.3.

Rahmen steuern

Wenn eine Webseite Rahmen (engl. frame) benutzt, dann kann man per HTML nur den Inhalt eines Rahmens ändern. Mit Hilfe von JavaScript können dagegen mehrere gesteuert werden.

Webseiten dynamisieren

Statt statischer Seiten können unter Einsatz von JavaScript Seiten angezeigt werden, die sich automatisch oder auf Grund von Anwenderaktionen verändern. Diese Dynamik kann sich auf die Textdarstellung, auf Farben und vieles mehr beziehen. Das Kapitel 6.2 beschreibt diese Möglichkeiten.

Texte animieren

Lauftexte, wie man sie aus der Werbung kennt, können programmiert werden. Statt browserspezifische HTML-Tags oder Java-Applets einzusetzen, ist dies auch mittels JavaScript möglich. Dadurch kann die Seite wahrscheinlich in den meisten Browsern dargestellt werden. Kapitel 8.1 enthält ein Beispiel.

Formulareingaben überprüfen

Wenn HTML-Formulare abgeschickt werden, müssen die Eingaben auf sinnvolle Werte überprüft werden. Entweder geschieht dies auf der Serverseite, was natürlich zu einem Flaschenhals führt, oder auf der Clientseite mittels JavaScript. So gelangen erst keine unsinnigen Daten zum Server. Kapitel 8.3 befasst sich mit diesem Thema.

Menü erzeugen

Durch JavaScript-Menüs lässt sich eine Website übersichtlicher gestalten. Statt erst durch verschiedene Seiten zu manövrieren, kann man direkt den gewünschten Inhalt aufrufen.

Objekte mit der Maus verschieben

Auch Drag & Drop von beispielsweise Bildern wird durch JavaScript auf einer Seite möglich.

Tools und Spiele erstellen

Für kleinere Aufgaben und Spiele lassen sich komplexe JavaScript-Programme erstellen. Euro-Rechner sind ein Beispiel. Näheres finden Sie im Kapitel 8.3.

Windowsabläufe automatisieren

Auch Windowsabläufe sind ein Anwendungsgebiet für JavaScript. Der *Windows Scripting Host*, der in Windows 98, NT 4 und Windows 2000 integriert ist, führt diese Programme aus. Statt des Browser-Objektmodells muss hier allerdings das spezifische *WSH*-Modell in Verbindung mit den Automationsobjekten der Anwendungen eingesetzt werden.

1.3 Kleiner Leitfaden

Software

Dieses Buch beschreibt weder Software für die Erstellung der Homepage noch solche für deren Veröffentlichung, sondern nur JavaScript selbst. Derartige Programme sind auch gar nicht nötig, um die erläuterten Beispiele selbst auszuprobieren und die Übungen durchzuführen. Sie benötigen nur einen Browser und einen Texteditor. Browser sind auf den meisten PC bereits mit dem Betriebssystem installiert worden, und das Gleiche gilt für einen Editor (z. B. Notepad).

Wichtig:

JavaScript wird nicht von jedem Browser in gleicher Weise unterstützt. Manche Objekte, Eigenschaften und Methoden sind oft unbekannt, wohingegen eigene, proprietäre definiert sind. Die Beispiele dieses Buchs lassen sich am besten mit dem Netscape

Navigator ab Version 4.5 und dem Microsoft Internet Explorer ab Version 4 nachvollziehen. Aber auch bei diesen gibt es bereits große Unterschiede.

Grundwissen

Wer gleich umfangreiche Webseiten mit JavaScript erstellen will, der benötigt natürlich auch Kenntnisse über HTML. Diese werden im Buch vorausgesetzt. Neueinsteigern in dieses Thema empfehle ich mein Buch *HTML – Von der Baustelle bis JavaScript*, das ebenfalls in dieser Reihe beim Rowohlt Taschenbuch Verlag erschienen ist.

Hinweise

Zunächst noch einige Hinweise zur Handhabung dieses Buches. Die Beispiele sind mit einem Rahmen versehen. Ein Rahmen entspricht dabei in der Regel einer Datei. Die Teile, die erläutert werden, sind mit einem Raster unterlegt:

```
document.write("Hallo Welt")                    //(1)
```

Damit im Text darauf Bezug genommen werden kann, enthalten die Beispiele Nummern in der Form *//(1)*. Diese Nummern sind, wie alles, was bei JavaScript hinter den Zeichen // steht, Kommentar und können beim Eingeben weggelassen werden.

Hinweis:
Autor, Herausgeber und Verlag haben sämtliche Angaben, Hinweise und Beispiele, die in diesem Buch aufgeführt sind, sorgfältig geprüft. Dennoch können Fehler nicht völlig ausgeschlossen werden. Autor, Herausgeber und Verlag können deshalb keine Gewährleistung für die einwandfreie Funktion aller Angaben, Hinweise und Beispiele übernehmen. Für etwaige Folgeschäden an Geräten, Daten und Programmen, die durch die Benutzung der Inhalte dieses Buches entstehen können, wird keine Haftung übernommen.

Benutzte Produkt- bzw. Warennamen

Fast alle in diesem Buch genannten Produkt- und Firmennamen sind gesetzlich geschützt. Ein fehlender ausdrücklicher Hinweis hierauf kann nicht zu der Annahme führen, dass keine Schutzrechte bestehen.

Download

Die Beispiele und Lösungen zu den Aufgaben stehen im Internet unter *www.erlenkoetter.de* und *www.rowohlt.de* zur Verfügung. Achten Sie auf entsprechende Hinweise zu den Downloadseiten.

2 Erste Schritte

Die JavaScript-Programme, die im World Wide Web eingesetzt werden, ergänzen die HTML, die den Aufbau der Webseiten beschreibt. Daher müssen diese Skripte mit den entsprechenden HTML-Dateien verbunden bzw. mit ihnen an die Browser übertragen werden. Dafür gibt es verschiedene Verfahren. In diesem Kapitel lernen Sie zunächst kennen, wie JavaScript als Bestandteil einer HTML-Datei gespeichert wird.
Die Beispiele dieses Kapitels zeigen, wie einem Web-Dokument per JavaScript Text zugefügt wird.

2.1 JavaScript und HTML

Fast jede Einführung in eine Programmiersprache beginnt mit einem kleinen Programm, das den Text *Hallo Welt* (engl. *Hello World*) anzeigt. Dieser Tradition soll auch dieses Buch folgen.
Speichern Sie den folgenden Code mit Hilfe eines Editors Ihrer Wahl beispielsweise als *Bspl001.htm*. Er enthält das Grundgerüst einer HTML-Datei mit drei Textabsätzen im *BODY*-Tag. Der grau unterlegte Block ist der eigentliche JavaScript-Baustein.

```
<!DOCTYPE html PUBLIC
"-//W3C//DTD HTML 4.0 Transitional//EN">
<HTML>
  <HEAD>
    <TITLE>
      Beispiel 1
    </TITLE>
  </HEAD>
  <BODY>
    <P>
        Hier kommt ein Gru&szlig; von JavaScript:
```

```
    </P>
<SCRIPT TYPE="text/javascript">                    <!--(1)-->
<!--                                               //(2)
document.write("Hallo Welt")                       //(3)
// -->
</SCRIPT>
    <P>
        Na, wie sieht das aus?
    </P>
  </BODY>
</HTML>
```

Öffnen Sie danach diese Datei in einem Browser, beispielsweise im Internet Explorer, dann sieht das Dokument folgendermaßen aus:

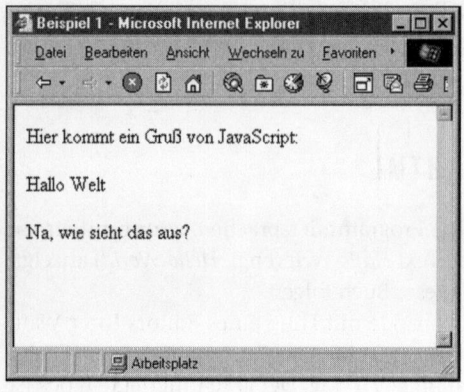

Drei Punkte sind hier zu beachten:

(1) Die Browser lesen HTML-Dateien ein und interpretieren die darin enthaltenen Marken, die so genannten Tags. Deshalb muss auch eine HTML-Marke verwendet werden, um JavaScript-Bausteine zu kennzeichnen. Dies ist das *SCRIPT*-Tag. Zwischen ihm und dem zugehörigen Ende-Tag </SCRIPT> steht der JavaScript-Code. Das Attribut *TYPE* gibt die Skriptsprache an. Für JavaScript lautet der Wert «text/javascript». Häufig wird auch das ältere Attribut *LANGUAGE="JavaScript"* benutzt. Wie Sie wahrscheinlich vermuten, können mit Hilfe dieses Tags natürlich auch andere Sprachen ein-

gebaut werden. Das *SCRIPT*-Tag kann beliebig oft innerhalb des *HEAD*- und *BODY*-Bereiches verwendet werden, um weitere Bausteine einzubinden.

(2) Nicht alle Browser verstehen JavaScript. Sie missachten das *SCRIPT*-Tag einfach. Der ganze folgende Text wird dann unverändert im Dokument angezeigt. Statt des gewünschten Ergebnisses zeigen solche Browser den JavaScript-Code etwa folgendermaßen an:

```
Hier kommt ein Gruß von JavaScript:

document.write("Hallo Welt") //(3)

Na, wie sieht das aus?
```

Damit dies nicht passiert, markiert man den gesamten Code als HTML-Kommentar. Er steht also zwischen <!-- und -->. Die Marke <!-- wird von JavaScript ignoriert, nicht jedoch -->. Deshalb wird Letztere durch // als JavaScript-Kommentar gekennzeichnet. Alles, was den doppelten Schrägstrichen bis zum Ende einer Zeile folgt, wird von JavaScript ignoriert. Da dieses Kommentarzeichen vor --> steht, ist es Bestandteil des HTML-Kommentars und stört deshalb nicht. Mehrzeilige Kommentare werden in JavaScript von den Zeichenkombinationen /* und */ eingeschlossen:

```
/* Dies ist ein Kommentar,
der sich über drei Zeilen
erstreckt. */
// Nur ein einzeiliger Kommentar
```

(3) Die einzige JavaScript-Anweisung des Bausteines steht in dieser Zeile. Die Ausgabeanweisung lautet *document.write*. Die auszugebenden Daten stehen als Parameter in der Klammer. Hier ist es der Text *Hallo Welt*. Texte werden immer in Anführungszeichen oder Apostrophe gesetzt. Beachten Sie bei *document.write* die Schreibweise! JavaScript unterscheidet zwischen Groß- und Kleinschreibung! Auf-

fallend ist auch die Punktschreibweise. Wie die meisten objektorientierten Sprachen verwendet auch JavaScript den Punkt, um die Eigenschaften (engl. *properties*) und Methoden (engl. *methods*) von Objekten anzusprechen. Hier ist *document* das Objekt, nämlich das HTML-Dokument selbst, und *write* – wegen der folgenden runden Klammer – eine seiner Methoden. Eigenschaften benutzen keine Klammern.

Die Objektorientierung folgt einem speziellen Konzept: Wenn Objekte manipuliert werden, dann geschieht dies nicht einfach «von außen». Vielmehr werden die Objekte aufgefordert, dies selbst zu tun. Zu beschreiben, warum das so gemacht wird und welche Vorteile diese Technik besitzt, würde den Rahmen dieses Buches sprengen. Zum besseren Verständnis der Punktschreibweise sollte man dieses Konzept jedoch wenigstens kennen. Die Anweisung

```
...
document.write("Hallo Welt")
...
```

kann man also als Aufforderung an das Dokument verstehen:

Dokument, schreibe: "Hallo Welt".

Welche Aufforderungen ein Objekt versteht, legt es selbst fest. Daher gehören zum Objekt *document* nur ganz bestimmte Methoden mit ganz bestimmten Parametern (siehe Anhang).

Ausgabevarianten
Mit Hilfe der Methode *write* kann man nicht nur Texte ins Dokument schreiben, sondern auch numerische und logische Werte. Außerdem ist sie nicht auf einen einzigen Ausdruck als Parameter beschränkt. Dies zeigt das folgende Beispiel.

```
<!DOCTYPE html PUBLIC
"-//W3C//DTD HTML 4.0 Transitional//EN">
<HTML>
  <HEAD>
    <TITLE>Beispiel 2</TITLE>
```

```
   </HEAD>
   <BODY>
     <P>
        Ein paar Berechnungen:
     </P>
<SCRIPT TYPE="text/javascript">
<!--
document.write("5 * 3 = ")                              //(1)
document.write(5*3)                                     //(2)
document.write(" und 5 / 3 = ",5/3)                     //(3)
// -->
</SCRIPT>
   </BODY>
</HTML>
```

Diese Datei wird vom Browser so dargestellt:

```
Ein paar Berechnungen:

5 * 3 = 15 und 5 / 3 = 1.6666666666666667
```

Wie Sie sehen, erscheint eine Zeile, die sich aus den verschiedenen Texten und korrekt berechneten Ausdrücken zusammensetzt. Dies geschieht folgendermaßen:

(1) Wie bereits bekannt, gibt JavaScript hier die Zeichenkette 5 * 3 = aus.
(2) Der nächste Aufruf der *write*-Methode schreibt direkt dahinter. Deshalb enthält der Text in (1) als Letztes eine Leerstelle. Hier soll die Methode das Ergebnis einer Multiplikation (*) ausgeben. Es wird zuerst berechnet und dann dem Dokument an der aktuellen Position zugefügt.
(3) Hier werden sogar gleich zwei Werte geschrieben: ein Text und das Ergebnis einer Division (/). Beide stehen innerhalb der Klammer und sind durch ein Komma getrennt. Theoretisch können Sie mit Hilfe von *write* beliebig viele Werte ausgeben. Achten Sie aber auf die Kommas als Aufzählungszeichen. Als weitere Rechenoperatoren

stehen Ihnen dabei für die Addition das Plus- (+) und für die Subtraktion das Minuszeichen (–) zur Verfügung. Den Rest einer Ganz-
zahldivision berechnet der Modulo-Operator (%).

Semikolon
Vielleicht haben Sie schon einmal andere JavaScript-Programme gesehen, bei denen die Anweisungen mit einem Semikolon abgeschlossen
wurden. Das Beispiel 2 könnte nämlich auch so aussehen:

```
...
document.write("5 * 3 = ");
document.write(5*3);
document.write(" und 5 / 3 = ",5/3);
...
```

Diese Schreibweise ist in der verwandten Sprache Java Pflicht, bei JavaScript kann das Semikolon jedoch weggelassen werden, solange nur
eine Anweisung pro Zeile geschrieben wird.
Die Beispiele dieses Buches verwenden das Semikolon nur, wenn es unbedingt notwendig ist (siehe Kapitel 8.1). Dadurch wird seine Verwendung deutlicher, und Probleme, die durch fehlerhaften Gebrauch entstehen (siehe Kapitel 4.2), treten seltener auf.

Formatierungen
Bisher bilden die Ausgaben von *write* eine einzige Zeile. Eine andere
Methode – *writeln* – fügt bei der Ausgabe am Ende eine Zeilenschaltung
ein. Aber Achtung, diese wird nicht in die Bildschirmanzeige, sondern
ins Dokument eingefügt. Wie in die Anzeige Zeilenumbrüche eingebaut werden können, demonstriert Beispiel 3.

```
<!DOCTYPE html PUBLIC
"-//W3C//DTD HTML 4.0 Transitional//EN">
<HTML>
  <HEAD>
    <TITLE>Beispiel 3</TITLE>
  </HEAD>
  <BODY>
<SCRIPT TYPE="text/javascript">
<!--
document.writeln("Namen: ")                           //(1)
```

```
document.write("Hans")                              //(2)
document.write("<BR>Paul")                          //(3)
document.write("<BR>Peter")
document.write("<BR>Johann <B>Wolfgang<\/B>")       //(4)
// -->
</SCRIPT>
  </BODY>
</HTML>
```

Das Ergebnis zeigt das folgende Bild.

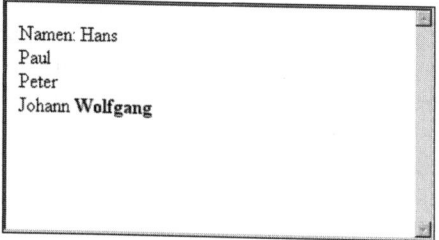

Namen: Hans
Paul
Peter
Johann **Wolfgang**

(1) Die Methode *writeln* fügt am Ende ihrer Ausgabe eine Zeilenschaltung ein. Diese befindet sich dann aber im HTML-Dokument, und die Browser ignorieren Zeilenschaltungen. Nur wenn *writeln* innerhalb eines *PRE*-Tags benutzt wird, sehen Sie diesen Umbruch.

(2) Erwartungsgemäß steht also der nächste Text direkt hinter dem ersten.

(3) Zeilenschaltungen werden in HTML-Dateien unter anderem durch das *BR*-Tag erzeugt. Deshalb wird es hier einfach mit in das Dokument geschrieben. Sie editieren mit *write* und *writeln* quasi eine Webdatei, deshalb können Sie auch jedes Tag in das Dokument schreiben.

(4) Dies zeigt diese Ausgabe noch einmal, indem ein Vorname – vielleicht der Rufname – in Fettschrift gesetzt wird. Start- und Endmarke des *B*-Tags werden dafür eingebaut. Weil durch </ eine Endmarke eingeleitet wird, könnten Browser diese unter Umständen einer falschen Startmarke zuordnen. Daher sollten Endmarken innerhalb des Skripts immer durch ein so genanntes Escapezeichen \ maskiert werden. Statt </B> steht hier deshalb <\/B>.

Grundsätzlich gilt: Durch diese *write-* bzw. *writeln-*Methoden wird ein HTML-Dokument bearbeitet, das erst danach vom Browser angezeigt wird. Es gelten also für die Texte die gleichen Regeln wie für HTML-Dateien.

2.2 JavaScript und die Browser

Nicht jeder Browser kann JavaScript interpretieren. Für den Fall, dass er gar keine Skripte verarbeiten kann, werden die Anweisungen auskommentiert. Dies haben Sie bereits im vorherigen Kapitel kennen gelernt. Es besteht aber auch die Möglichkeit, dass ein Browser zwar eine Skriptsprache benutzt, aber kein JavaScript, oder dass der Anwender Skriptsprachen deaktiviert hat. Eine dritte Variante resultiert aus den verschiedenen Browserversionen. Während der eine die aktuellste JavaScript-Version bereits verarbeitet, kann der andere vielleicht nur mit Anweisungen aus der Version 1.1 umgehen.

Skripte auslagern

Neuere Browser bieten einen Ausweg aus dem Codemix von HTML und JavaScript, indem in einem weiteren Attribut zum *SCRIPT-*Tag eine externe JavaScript-Datei angegeben wird.

Im Beispiel 3 von Seite 20f. kann man die JavaScript-Anweisungen in einer separaten Datei mit dem folgenden Inhalt speichern:

```
// Bspl004.js
document.writeln("Namen: ")                           //(1)
document.write("Hans")                                //(2)
document.write("<BR>Paul")                            //(3)
document.write("<BR>Peter")
document.write("<BR>Johann <B>Wolfgang<\/B>")         //(4)
```

Diese Datei könnte beispielsweise *Bspl004.js* heißen. Wichtig ist die Erweiterung *.js* für JavaScript. Die HTML-Datei sieht dann so aus:

```
<!DOCTYPE html PUBLIC
"-//W3C//DTD HTML 4.0 Transitional//EN">
<HTML>
  <HEAD>
```

```
    <TITLE>Beispiel 4</TITLE>
  </HEAD>
  <BODY>
<SCRIPT TYPE="text/javascript" SRC="./bspl004.js"> </SCRIPT>
  </BODY>
</HTML>
```

Sie enthält nun nur noch die Anfangs- und Endmarke des *SCRIPT*-Tags, wobei im Attribut *SRC* die JavaScript-Quelldatei als URL angegeben wird. Hier ist es *bspl004.js* im <u>aktuellen</u> Verzeichnis (./).

Diese Technik bietet mehrere Vorteile. Zunächst einmal sind beide Dateien übersichtlicher. Man kann sich entweder nur auf HTML oder auf JavaScript konzentrieren. Auch eine Aufgabenteilung in Teams ist möglich. Zum anderen entfällt das Verbergen des Codes vor skriptunfähigen Browsern. Ein weiterer Vorteil ergibt sich in größeren Projekten. Statt nämlich in verschiedene HTML-Dateien immer wieder den gleichen JavaScript-Code zu kopieren, kann stets die gleiche JS-Datei eingebunden werden. Gerade bei Skript-Korrekturen macht sich dies dann bemerkbar.

Skriptalternativen angeben

Wenn Browser aus dem einen oder anderen Grund kein JavaScript interpretieren, dann sollten Sie die Anwender auf die ihnen entgehenden Informationen aufmerksam machen. Dazu stellt HTML das *NOSCRIPT*-Tag bereit. In dem Beispiel könnte dies so aussehen.

```
<!DOCTYPE html PUBLIC
"-//W3C//DTD HTML 4.0 Transitional//EN">
<HTML>
  <HEAD>
    <TITLE>Beispiel 4</TITLE>
  </HEAD>
  <BODY>
<SCRIPT TYPE="text/javascript" SRC="./bspl004.js"> </SCRIPT>
<NOSCRIPT>
Mit JavaScript w&uuml;rden Sie die Namensliste sehen.
</NOSCRIPT>
  </BODY>
</HTML>
```

Das *NOSCRIPT*-Tag wird ausgewertet, wenn ein Browser die in *TYPE* angegebene Sprache nicht kennt oder nicht interpretieren darf. Solche, die gar keine Skripte verstehen, verstehen auch diese Marke nicht. Sie zeigen aber trotzdem den ihr folgenden Text an. Statt des Hinweises können Sie natürlich auch einen Link auf alternative Seiten setzen oder andere Sprachen wählen. In jedem Fall ist es guter Stil, in irgendeiner Form Skriptalternativen anzugeben.

Browserfähigkeiten feststellen

Die Vielfalt der von den Anwendern eingesetzten Browser verlangt einige Sorgfalt bei der Programmierung. Einerseits beherrschen die meisten wahrscheinlich nicht die aktuellste Version von JavaScript, andererseits implementieren die Hersteller immer auch eigene Erweiterungen zum Sprachstandard. «Unverstandene» Anweisungen im übertragenen Quellcode führen dann bei der Übersetzung zu lästigen Skriptfehlern.

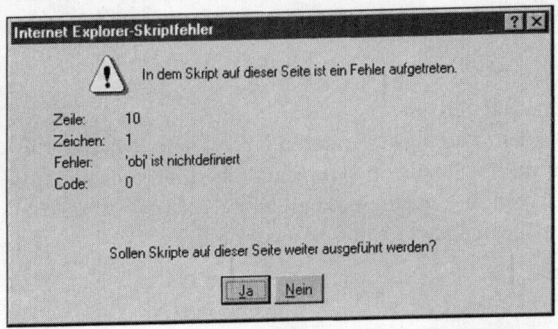

Um das zu verhindern, gibt es zwei Möglichkeiten.

Die erste besteht darin, dass man sich auf den kleinsten gemeinsamen JavaScript-Standard aller Browser beschränkt. Das bedeutet natürlich Verzicht auf einige leistungsstarke Anweisungen.

Alternativ kann man die Browser identifizieren und dann nur mit den Anweisungen arbeiten, die von ihnen verstanden werden. Das erfordert natürlich erheblich mehr Programmieraufwand, der sich aber in den meisten Fällen auch lohnt.

Die eindeutige Browseridentifikation ist nicht ganz einfach. Deshalb soll das nächste Beispiel zunächst einmal nur zeigen, wie Informationen über die Browser gewonnen werden können und welche Unterschiede dabei auftreten. Die HTML-Datei sieht folgendermaßen aus:

```
<!DOCTYPE html PUBLIC
"-//W3C//DTD HTML 4.0 Transitional//EN">
<HTML>
  <HEAD>
    <TITLE>Beispiel 5</TITLE>
  </HEAD>
  <BODY>
<SCRIPT TYPE="text/javascript" SRC="./Bsp1005.js">
</SCRIPT>
<NOSCRIPT>
       Sie brauchen JavaScript.
</NOSCRIPT>
  </BODY>
</HTML>
```

Hinweis:

In den weiteren Kapiteln dieses Buches wird – wenn keine andere Datei abgebildet wird – immer eine HTML-Datei wie diese verwendet, wobei nur jeweils eine andere JavaScript-Datei eingebunden wird.

Die dazugehörige Skriptdatei enthält die folgenden Anweisungen:

```
// Bsp1005.js
document.write("<BR>Browserinformationen:")        //(1)
document.write("<BR>".navigator.appCodeName)       //(2)
document.write("<BR>".navigator.appName)           //(3)
document.write("<BR>".navigator.appVersion)        //(4)
document.write("<BR>".navigator.userAgent)         //(5)
```

(1) Zunächst werden ein Zeilenvorschub (<BR>) und eine Überschrift ausgegeben.

(2) Nach einer erneuten Zeilenschaltung wird der Wert des Ausdrucks *navigator.appCodeName* eingefügt. Hier ist *navigator* wiederum ein Objekt, nämlich der Browser, und *appCodeName* – es fehlen am Schluss die runden Klammern – ist eine Eigenschaft dieses Objek-

tes. Hinter *appCodeName* verbirgt sich der Spitzname des Browsers. In den meisten Fällen lautet er *Mozilla* und ist wenig hilfreich bei der Identifikation.

(3) Eine weitere Eigenschaft lautet *appName*. Sie enthält den Produktnamen des Browsers.

(4) Die Eigenschaft *appVersion* enthält Angaben zu den Versionsnummern des Browsers und des Betriebssystems. Ein *I* in dieser Zeichenkette steht für *International* und bedeutet so viel wie *nicht amerikanisch*.

(5) Die Eigenschaft *userAgent* enthält die Zeichenkette, die der Browser bei jeder Seitenanforderung im Internet versendet. Es ist quasi die Kombination aus *appCodeName* und *appVersion*. Diese kann von den Servern verwendet werden, um die Browser zu identifizieren.

Welche Angaben dieses Skript liefern kann, sollen beispielhaft die folgenden drei Bilder zeigen.
Der Microsoft Internet Explorer 4.0 unter Windows 98 produziert diese Anzeige:

```
Browserinformationen:
Mozilla
Microsoft Internet Explorer
4.0 (compatible; MSIE 4.01; Windows 98)
Mozilla/4.0 (compatible; MSIE 4.01; Windows 98)
```

Beim Netscape Communicator 4.5 (T-Online-Version) sehen Sie unter Windows 95 dieses Bild:

```
Browserinformationen:
Mozilla
Netscape Communicator von T-Online
4.51 [de]C-CCK-MCD DT (Win95; I)
Mozilla/4.51 [de]C-CCK-MCD DT (Win95; I)
```

Vom Microsoft Internet Explorer 5.0 wird unter Windows 2000 Professional diese Information angezeigt:

```
Browserinformationen:
Mozilla
Microsoft Internet Explorer
4.0 (compatible; MSIE 5.01; Windows NT 5.0)
Mozilla/4.0 (compatible; MSIE 5.01; Windows NT 5.0)
```

Wie diese Daten benutzt werden können, um den Browsern passende Anweisungen anzubieten, zeigt das Kapitel 6.5.3.

2.3 Zusammenfassung

Zum Schluss dieses Kapitel noch einmal das Wichtigste auf einen Blick:

- JavaScript-Programme werden als Quelltext an die Browser übertragen und von ihnen interpretiert.
- Mit Hilfe des *SCRIPT*-Tags werden die Programmbausteine in HTML-Dateien eingebettet. Es kann beliebig oft im *HEAD*- und *BODY*-Bereich vorkommen.
- Der Code kann innerhalb der HTML-Datei stehen oder als externe Datei mit der Erweiterung *.js* bereitgestellt werden. Innerhalb der HTML-Datei muss er so auskommentiert werden, dass Browser, die kein JavaScript interpretieren können, ihn nicht anzeigen.
- JavaScript unterscheidet zwischen Groß- und Kleinschreibung.
- JavaScript arbeitet mit Objekten und ihren Eigenschaften und Methoden. Sie werden unter Verwendung der Punktschreibweise angesprochen.
- Ein wichtiges Objekt ist *document*. Es repräsentiert die HTML-Datei. Der Browser wird durch das Objekt *navigator* dargestellt.

2.4 Übungen

Aufgabe 1

Erstellen Sie eine HTML-Datei, die den JavaScript-Code enthält und folgende Darstellung produziert:

Herzlich willkommen mit dem *Microsoft Internet Explorer* auf meiner Homepage.

Ihre Versionsangaben lauten: *4.0 (compatible; MSIE 4.01; Windows 98)*

Die kursiven Texte sollen mit Hilfe von JavaScript eingefügt werden.

Aufgabe 2

Welcher Fehler steckt in der folgenden Anweisung?

```
...
Document.write("Hallo Leute")
...
```

Aufgabe 3

Verändern Sie die folgenden Anweisungen derart, dass nur die Ergebnisse kursiv dargestellt werden. Verwenden Sie zum Test eine HTML-Datei entsprechend dem Beispiel 5 auf Seite 25.

```
// Aufg003.js
document.writeln("7 + 3 = ",7+3,"<BR>")
document.write("7 - 3 = ",7-3,"<BR>")
document.write("7 * 3 = ",7*3,"<BR>")
document.write("7 / 3 = ",7/3,"<BR>")
document.write("Rest von 7 / 3 = ",7%3,"<BR>")
```

Tipp: Kursivschrift wird durch das *I*-Tag festgelegt.

3 Daten und Funktionen

Jede Sprache benötigt Definitionen zum Speichern von Daten unterschiedlicher Typen und Anweisungen für die Ablaufsteuerung. Diese Sprachelemente bilden die Grundlagen eines jeden Programms und sind Gegenstand der folgenden drei Kapitel.

Vieles, was Sie in den Beispielen kennen lernen werden, erinnert vielleicht den einen oder anderen von Ihnen an bekannte Sprachen wie C++ oder Java. Einiges mag auch Visual-Basic-Programmierern bekannt vorkommen. Wer daher bereits über einschlägige Programmiererfahrung verfügt, kann sich auf die Zusammenfassung am Ende eines jeden Kapitels beschränken, bevor er weiterliest.

3.1 Variablen und Konstanten

Zum Ablegen von Informationen im Arbeitsspeicher verwenden Programmiersprachen Variablen. Wie die meisten Interpretersprachen, nimmt auch JavaScript es mit diesen Deklarationen nicht so genau. Schauen Sie sich dazu das folgende Beispiel an. Zum Aufruf binden Sie es wieder in eine HTML-Datei entsprechend dem Beispiel 5 ein.

```
// Bsp1006.js

x = 25                              //(1)
var y                               //(2)
document.write("<BR>",x)
document.write("<BR>",y)            //(3)
y = 234                             //(4)
document.write("<BR>",y)
y = "Jetzt kommt Text"              //(5)
document.write("<BR>",y)
```

Die vier Ausgabezeilen dieses Programms sehen Sie in dem folgenden Bild.

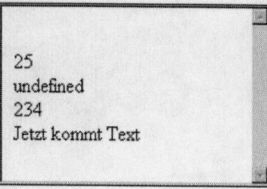

```
25
undefined
234
Jetzt kommt Text
```

Die Anweisungen arbeiten wie folgt:

(1) Hier wird eine Variable definiert. Ihr Name lautet *x*. Gleichzeitig wird ihr ein konstanter numerischer Wert zugewiesen. Man spricht hier auch von einer Initialisierung der Variablen. Zahlenkonstanten können als Ganz- und als Dezimalzahlen angegeben werden. JavaScript macht hier keinen Unterschied. Beispiele sind:

Konstante	Wert
4711	4.711
0.815	0,815
3.14E01	31,4
1.6e2	160,0
7.5e-1	0,75
0xFF	255

(2) Wird eine Variable nur vereinbart – man spricht dann auch von Deklaration –, dann muss dazu das Schlüsselwort *var* (Abk. für variable) verwendet werden. Es gibt weitere Situationen, in denen es zwingend erforderlich ist. Diese muss man jedoch nicht im Einzelnen kennen, wenn man sich an einen guten Programmierstil hält. Denn dazu gehört, dass man grundsätzlich Variablen mit Hilfe dieses Schlüsselwortes anlegt. Die weiteren Beispiele folgen diesem Prinzip.

(3) Werden solche nicht initialisierten Variablen ausgegeben, erscheint in der Anzeige *undefined*. Dies ist ein konstanter Wert in JavaScript, der für fehlende Initialisierungen steht. (Anm.: Beim Netscape

Communicator kann *undefined* auch als konstanter Wert einer Variablen wieder zugewiesen werden.)

(4) Variablen können zu jeder Zeit Werte zugewiesen bekommen, egal ob sie bereits initialisiert waren oder nicht.

(5) Einer numerischen Variablen kann auch später eine Zeichenkette zugewiesen werden, ohne dass – wie in anderen Sprachen – Fehler auftreten, denn JavaScript weist Typen dynamisch zu. Allerdings sind solche Typenwechsel kein guter Programmierstil, da sie bei anderen Programmierern für einige Verwirrung sorgen können. Zeichenketten werden entweder – wie hier – von Anführungszeichen ("...") oder von Hochkommas ('...') eingeschlossen.

Namensregeln und -konventionen

Bei der Festlegung von Variablennamen müssen einige wenige Einschränkungen beachtet werden:

▨ Jeder Name muss mit einem Buchstaben oder dem Unterstrichzeichen (_) beginnen.

▨ Für alle weiteren Zeichen dürfen Ziffern, Unterstrich, Groß-, und Kleinbuchstaben verwendet werden.

▨ Zwischen Groß- und Kleinschreibung wird unterschieden.

Außerdem sollte man einige Konventionen beachten, die sich beim Programmieren bewährt haben und allgemein üblich sind:

▨ Variablennamen sollten klein geschrieben werden.

▨ Sie sollten ausdrücken, welche Bedeutung eine Variable hat bzw. wozu sie verwendet wird.

▨ Wird ein Name aus mehreren Wörtern gebildet, so wird er als ein Wort ohne Unterstrich zwischen den Wörtern geschrieben, wobei jedes neue Wort mit einem Großbuchstaben beginnt. Beispiele sind *summeJahreswerte*, *nameKunde*, *vorherigesFenster* usw.

▨ Namen aus einem Buchstaben haben üblicherweise immer die gleiche Bedeutung: *i, j, k, l* usw. beispielsweise für Zählvariablen (siehe Kapitel 5.1), *x, y, z* für Koordinaten und *r, g, b* für den Rot-, Grün- und Blauanteil von Farben.

▨ Präfixe zur Kennzeichnung des Typs sind nicht mehr üblich, also kein *nZahl* für numerische Werte und kein *sText* für Zeichenketten.

Umwandlungen

Verschiedene Datentypen lassen sich oft miteinander kombinieren.

Dabei wandelt JavaScript die Typen bei Bedarf passend um. Wie das geschieht, erkennen Sie an dem nächsten Beispiel.

```
// Bsp1007.js
var antwort = true                                      //(1)
var zahl1 = 5, zahl2 = 7                                //(2)
var text = "Das Ergebnis lautet: "

document.write("<BR>",antwort)                          //(3)
document.write("<BR>",zahl1)                            //(4)
document.write("<BR>",zahl1 + zahl2)                    //(5)
document.write("<BR>",text + zahl1 + zahl2)             //(6)
document.write("<BR>" + text
            + (zahl1 + zahl2))                          //(7)
document.write("<BR>",text + antwort)                   //(8)
document.write("<BR>",antwort + zahl1)                  //(9)
```

Bevor das Programm erläutert wird, sollten Sie sich zunächst einmal die Ausgabe ansehen.

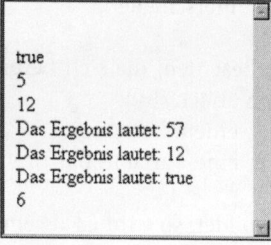

```
true
5
12
Das Ergebnis lautet: 57
Das Ergebnis lautet: 12
Das Ergebnis lautet: true
6
```

Die 4. Zeile scheint etwas unsinnig zu sein. Was macht also das Programm?

(1) Hier wird in gutem Programmierstil eine Variable mittels *var* definiert und initialisiert. Der Wert *true* ist eine logische Konstante und bedeutet so viel wie ja, wahr, o. k., richtig usw. Die Variable *antwort* wird dadurch zu einer logischen Variablen. Dieser Typ kann nur zwei mögliche Werte annehmen: *true* und *false*. Letzteres bedeutet so viel wie nein, falsch, nicht o. k., unrichtig usw.

(2) Durch das Schlüsselwort *var* können auch mehrere Variablen definiert oder deklariert werden. Dazu werden sie, durch Kommas getrennt, nacheinander aufgelistet.

(3) Wenn logische Werte in das Dokument eingefügt werden, wandelt JavaScript sie automatisch in Text um.

(4) Das Gleiche geschieht mit numerischen Daten.

(5) Bei Formeln wird zuerst das Ergebnis berechnet und dieses dann in Text konvertiert. Deshalb erscheint auch der richtige Wert 12 im Browserfenster.

(6) Diese Formel wird scheinbar falsch berechnet, denn 5 + 7 ist 12 und nicht 57. Statt eine Addition durchzuführen, hat JavaScript hier jedoch einfach jede Zahl in Text umgewandelt und direkt an die Textvariable angehängt. Dies liegt an der doppelten Bedeutung des Pluszeichens. Für Zeichenketten bedeutet es *anfügen*. Solche Formeln werden nun in der Regel von links nach rechts berechnet. So wird also der Wert *5* an *Das Ergebnis lautet:* angehängt, was wiederum Text liefert. Daran wird nun wiederum der Wert *7* angefügt.

(7) Runde Klammern haben einen höheren Rang und werden von innen nach außen ausgewertet. Dadurch wird hier zuerst die Addition und danach die Verkettung ausgeführt. Mehr zu den Rangfolgen finden Sie in Kapitel 9.3. Bei dieser Verkettung wird hier auch gleich das Tag mit eingeschlossen.

(8) Auch logische Werte können direkt an Text angehängt werden. Vorher wandelt JavaScript sie in eine Zeichenkette um.

(9) In Verbindung mit Zahlen wird eine Addition ausgeführt. Dabei wird *true* zu *1* und *false* zu *0*. Danach wird das Ergebnis zu einer Zeichenkette.

Wenn die Daten wie Text behandelt werden können, gibt es keine Probleme. Auch umgekehrt lassen sich Texte wie Zahlen verarbeiten, solange sie eine gültige numerische Darstellung enthalten, also beispielsweise 2.5 und nicht 2,5.

Das folgende Programm eignet sich in diesem Zusammenhang für einige Experimente. Es benutzt eine Eingabeaufforderung, damit der Anwender Daten eintippen kann.

```
// Bsp1008.js
var eingabe
eingabe = prompt("Bitte ganze Zahl eingeben"
              ,1)                                    //(1)
document.write("<BR>",parseInt(eingabe)*2)          //(2)
eingabe = prompt("Bitte Dezimalzahl eingeben"
```

```
              ,"1.0")                                    //(3)
 document.write("<BR>",parseFloat(eingabe)*2)            //(4)
 eingabe = prompt("Bitte Rechenausdruck eingeben"
              ,"1 + 1")                                  //(5)
 document.write("<BR>",eval(eingabe)*2)                  //(6)
```

Wird dieses Programm in eine HTML-Seite ähnlich Beispiel 5 eingebunden, dann erscheinen nacheinander drei Fenster wie dieses.

Der Titel dieser Fenster kann nicht verändert werden. Er wird vom jeweiligen Browser vorgegeben.

Tragen Sie nun in jede Eingabeaufforderung jeweils eine der folgenden
Zeilen ein:

14
22.25
17+4

Daraufhin sieht das Browserfenster so aus.

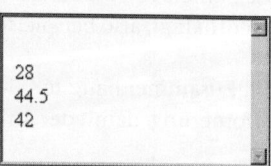

Im Programm passiert Folgendes:

(1) Durch *prompt* wird ein Fenster mit einem Texteingabefeld erzeugt.
    Die Zeichenkette in den Klammern gibt den Text an, der direkt
    oberhalb des Feldes erscheint. Der zweite Wert in den Klammern
    wird als Vorgabe in das Feld eingetragen. Dabei sollte es sich um
    eine Zeichenkette handeln. Wird wie hier eine Zahl angegeben, so

wird sie wiederum zunächst in Text konvertiert. Dieser zweite Parameter darf auch weggelassen werden. Dann erscheint als Vorgabe *undefined* im Feld. Wenn auf *OK* geklickt wird, dann wird der eingetragene Wert als Text übernommen und der Variablen *eingabe* zugewiesen. Sie ist also eine Zeichenkettenvariable. Falls das Fenster durch *Abbrechen* geschlossen wird, erhält *eingabe* den Wert *null* zugewiesen. Dies ist eine weitere JavaScript-Konstante, die so viel wie *nichts* bedeutet.

(2) Das Zweifache des eingegebenen Wertes soll angezeigt werden. In den meisten Fällen würde es ausreichen, wenn *write* dazu den Ausdruck *eingabe * 2* verwendet. Die Zeichenkette in *eingabe* wird dann in eine Zahl umgewandelt, und das Produkt kann berechnet werden. Aber bei einer Addition sieht es schon anders aus, denn dann würde der zweite Wert in eine Zeichenkette konvertiert und an *eingabe* angehängt. Deshalb muss manchmal Text zwangsweise in eine Zahl umgewandelt werden. Die Funktion *parseInt* versucht, den in ihren Klammern stehenden Ausdruck in eine ganze Zahl zu ändern. Zeichen für Zeichen wird dazu analysiert. Sobald eines auftritt, das nicht in einer ganzen Zahl vorkommt, beispielsweise ein Buchstabe oder das Dezimalzeichen, wird der Vorgang abgebrochen. Die bis dahin gewonnene Zahl wird dann hier mit 2 multipliziert. Kann gar keine Ziffer festgestellt werden, wird der Wert *NaN* (engl. *Not a Number*) erzeugt. Zahlen, die mit *0x* beginnen, interpretiert *parseInt* als hexadezimale, und solche, die mit *0* starten, als oktale Zahlen. Alternativ können Sie das Zahlensystem mit einem zweiten Parameter angeben. So analysiert *parseInt(eingabe,2)* den Text als eine Dualzahl. Er darf dann natürlich nur 0 und 1 enthalten.

(3) Hier wird der zweite Parameter in *prompt* korrekt als Text angegeben. Als Zahl *1.0* würde sonst der Dezimalanteil *.0* bei der automatischen Konvertierung in Text verloren gehen, weil *1.0* als ganze Zahl *1* angesehen wird.

(4) Mittels *parseFloat* wird der Text auf eine Dezimalzahl hin analysiert. Jetzt dürfen also auch das Dezimalzeichen und eine Exponentenangabe (z. B. 2.465e3) vorkommen.

(5) Hier wird eine Rechenaufgabe als Vorgabe eingetragen. Jede Formel kann eingegeben werden. Aber Vorsicht mit dem Komma. Wenn Sie sich vertippen und statt des Punktes als Dezimalzeichen das Komma verwenden, dann hat das zur Folge, dass es als Trennzeichen zwischen zwei verschiedenen Ausdrücken angesehen wird!

(6) Eine besonders leistungsfähige Funktion ist *eval*. Hier berechnet sie die als Text vorliegende Formel. Enthält sie Kommas, dann wird jeder Teil für sich berechnet und der letzte hier mit zwei multipliziert. Aus *17+4,5+1* wird beispielsweise zuerst *17+4* (=21) ermittelt, dann die *5+1* (=6) und dieses letzte Ergebnis mit 2 multipliziert. Angezeigt wird also 12 und nicht 45! Allerdings ist *eval* nicht auf solche einfachen Ausdrücke beschränkt. Geben Sie statt einer einfachen Formel einmal *document.write("Hallo Welt"),17+4* ein. Beachten Sie dabei das Komma! Na, überrascht? Diese Verwendung von *eval* wird später im Kapitel 5.2 benutzt.

3.2 Objektmanipulationen

In den bisherigen Beispielen traten fast immer mehrere Anweisungen *document.write(...)* auf. Vielleicht haben Sie sich bereits gefragt, ob man das nicht einfacher schreiben kann, statt immer wieder die komplette Anweisung einzutippen. Nun, das geht.

Eine Reihe von Anweisungen, in denen häufig das gleiche Objekt verwendet wird, kann in JavaScript verkürzt geschrieben werden. Dazu dient das Schlüsselwort *with*, wie Sie im folgenden Programm sehen.

```
// Bspl009.js
var wert = 25
with (document) {                    //(1)
  write("<BR>",wert * 2)             //(2)
  write("<BR>",wert / 2)
  write("<BR>",wert % 2)
}                                    //(3)
```

(1) Dem *with* folgt, in runde Klammern gesetzt, das Objekt, dessen Eigenschaften und Methoden in den folgenden Anweisungen benutzt werden sollen. Hier ist es *document* für die HTML-Datei. Anfang und Ende des Blocks von Anweisungen werden durch geschweifte Klammern gekennzeichnet.

(2) Hier wird nur eine Methode *write* aufgerufen. JavaScript stellt fest, dass kein Objekt angegeben wurde, und benutzt nun das in der *with*-Klausel festgelegte. Für *document* muss es jetzt natürlich diese Methode geben, sonst tritt ein Fehler auf.

(3) Durch die schließende geschweifte Klammer wird das Ende des Blocks gekennzeichnet, für den das Objekt *document* gilt. Danach muss es wieder in den Anweisungen aufgeführt werden.

Die Anzeige des Programms zeigt, dass es funktioniert.

```
50
12.5
1
```

Die Objektmanipulation mittels *with*-Blöcken dient natürlich nicht nur der Arbeitserleichterung beim Tippen und auch nicht nur der Programmübersichtlichkeit, sondern kann in Schleifen (siehe Kapitel 5) dazu benutzt werden, um die gleichen Anweisungen bei jedem Durchlauf nacheinander für verschiedene Objekte durchzuführen. Allerdings soll das Programm laut Hersteller gegenüber einem, das die Objekte immer beim Methodenaufruf angibt, langsamer laufen.

3.3 Funktionen

JavaScript kennt Funktionen und Methoden. Während Methoden die Funktionalität von Objekten beschreiben, sind Funktionen objektunabhängig. In den bisherigen Programmen haben Sie bereits Funktionen verwendet, wie zum Beispiel *parseInt* oder *parseFloat*. Das sind aber solche, die bereits fertig in JavaScript vorliegen. In den folgenden Kapiteln wird die Möglichkeit, eigene Funktionen zu schreiben, ausgiebig genutzt.

Sie können sich eine Funktion als einen Spezialisten vorstellen, der immer dann gerufen wird, wenn eine bestimmte Aufgabe zu erledigen ist. Sie müssen nicht immer wieder das Rad neu erfinden; arbeitet eine Funktion einmal einwandfrei, kann sie immer wieder verwendet werden.

3.3.1 Prozedurale Funktionen

Die einfachsten Funktionen bestehen aus einem Block von Anweisungen, die immer wieder über einen Namen aufgerufen werden können und dann stets in der gleichen Reihenfolge ablaufen. Ein typisches Beispiel zeigt das nächste Programm. Es wird wiederum in eine HTML-Datei entsprechend Beispiel 5 eingebunden.

```
// Bspl010.js
document.write("Bildschirmeigenschaften:<BR>")
listScreenProps()                                    //(1)
function listScreenProps() {                          //(2)
  with (document) {                                   //(3)
    write("<BR>Auflösung vert.: ",screen.height)
    write("<BR>Auflösung horiz.: ",screen.width)
    write("<BR>Nutzhöhe: ",screen.availHeight)
    write("<BR>Nutzbreite: ",screen.availWidth)
    write("<BR>Oberer Rand: ",screen.availTop)
    write("<BR>Linker Rand: ",screen.availLeft)
    write("<BR>Pixeltiefe: ",screen.pixelDepth)
    write("<BR>Farbtiefe: ",screen.colorDepth)
  }
}                                                     //(4)
```

Das Wesentliche ist diesmal der Aufbau des Codes, deshalb soll er zunächst erläutert werden:

(1) Hier erfolgt der Aufruf einer objektunabhängigen Funktion. Das erkennt man einerseits an den runden Klammern, die dem Namen direkt folgen. Dadurch werden immer Funktionen und Methoden gegenüber Variablen und Eigenschaften gekennzeichnet. Andererseits fehlt der Bezug zu einem Objekt, denn es wird weder vorangestellt, noch steht diese Anweisung innerhalb eines passenden *with*-Blocks. Der Name *listScreenProps* muss sich eindeutig einer Funktion zuordnen lassen.

(2) Was beim Aufruf dieser Funktion passieren soll, muss irgendwie definiert werden. Dies geschieht hier von (2) bis (4). Eine solche Definition sieht immer folgendermaßen aus: Dem Schlüsselwort *function* folgt der Name der zu definierenden Funktion mit den runden Klammern. Eine öffnende geschweifte Klammer kennzeichnet den Beginn des Anweisungsblocks, der die Arbeitsweise der Funktion beschreibt. Eine solche Definition kann vor oder nach ihrem Aufruf (1) erfolgen.

(3) Ein solcher Block kann aus einer oder mehreren Anweisungen bestehen. Hier wird nur in der bereits bekannten Weise das Objekt *document* für Ausgaben benutzt. Jede *write*-Operation gibt Text und
eine Eigenschaft des *screen*-Objektes aus. Hinter *screen* verbirgt sich
die Monitoranzeige des Computers. Hier werden so ziemlich alle
seine Eigenschaften verwendet. Da gibt es einmal die vertikale
(*height*) und horizontale (*width*) Anzahl an Bildpunkten, die bei der
eingestellten Auflösung angezeigt werden. Der nutzbare Bereich –
das ist der Teil, der nicht von der Taskleiste oder anderen Teilen der
grafischen Oberfläche des Betriebssystems verdeckt wird – wird
ebenfalls in seiner Breite (*availWidth*) und Höhe (*availHeight*) beschrieben. Der erste nutzbare Punkt kann ebenfalls durch seine
x(*availLeft*)- und y(*availTop*)-Koordinaten bestimmt werden. Die
Farbdarstellungsmöglichkeiten können an Hand der Bildschirm-
darstellung (*pixelDepth*) und an Hand der Farbpalette (*colorDepth*)
ermittelt werden. Dabei bedeutet zum Beispiel eine 4, dass lediglich
16 ($2^4 = 16$) Farben unterschieden, und eine 32, dass Echtfarben (2^{32}
= 4.294.967.296) dargestellt werden.

(4) Mit einer schließenden geschweiften Klammer endet jede Funktionsdefinition. Achten Sie darauf, dass schließende Klammern immer der direkt vorhergehenden öffnenden zugeordnet werden. Die
schließende Klammer in der vorherigen Zeile beendet hier beispielsweise den *with*-Block, während die Funktion erst durch diese
Klammer abgeschlossen wird. Fehlt die Klammer in der Zeile zuvor,
dann tritt diese Klammer an ihre Stelle und eventuell folgende Anweisungen werden noch der Funktion zugeordnet.

Ein mögliches Ergebnis des Skriptes zeigt dieses Bild:

```
Bildschirmeigenschaften:

Auflösung vert.: 768
Auflösung horiz.: 1024
Nutzhöhe: 768
Nutzbreite: 1024
Oberer Rand: null
Linker Rand: null
Pixeltiefe: null
Farbtiefe: 32
```

Der Wert *null* bedeutet, dass kein Wert vorhanden ist. Dieser Browser liefert hier also für diese Eigenschaften keine Daten. Dies ist wieder ein Hinweis dafür, dass ein Skript oft erst einmal Informationen über den aktiven Browser ermitteln sollte (siehe Kapitel 2.2).

Trennung von Definition und Aufruf

Wenn eine Funktion häufiger als im Beispiel 10 in einer Webseite benötigt wird, dann bringt es keinen praktischen Nutzen, wenn sie immer in der jeweiligen JavaScript-Datei definiert werden muss, in der sie auch aufgerufen wird. Deshalb werden die Skripte in der Regel auf verschiedene Dateien aufgeteilt.

Die Definitionen stehen üblicherweise separat in einer eigenständigen Datei, beispielsweise hier in *Bspl010a.js*:

```
// Bspl010a.js
function listScreenProps() {
  with (document) {
    write("<BR>Auflösung vert.: ",screen.height)
    write("<BR>Auflösung horiz.: ",screen.width)
    write("<BR>Nutzhöhe: ",screen.availHeight)
    write("<BR>Nutzbreite: ",screen.availWidth)
    write("<BR>Oberer Rand: ",screen.availTop)
    write("<BR>Linker Rand: ",screen.availLeft)
    write("<BR>Pixeltiefe: ",screen.pixelDepth)
    write("<BR>Farbtiefe: ",screen.colorDepth)
  }
}
```

Der Rest des eigentlichen Programms wird in einer oder mehreren anderen Dateien abgelegt. Hier könnte dies die Datei *Bspl010b.js* mit folgendem Inhalt sein:

```
// Bspl010b.js
document.write("Bildschirmeigenschaften:<BR>")
listScreenProps()
```

Es stellt sich nun die Frage, wie beide Dateien sinnvoll in die HTML-Datei integriert werden können. Dabei sollte berücksichtigt werden, dass eine Funktionsdefinition naturgemäß nur einmal erfolgen muss und nicht selbständig ausgeführt wird, ihr Aufruf aber mehrmals möglich sein kann.

Die Lösung zeigt die folgende HTML-Datei.

```
<!DOCTYPE html PUBLIC
"-//W3C//DTD HTML 4.0 Transitional//EN">
<HTML>
  <HEAD>
     <TITLE>Beispiel 10</TITLE>
<SCRIPT TYPE="text/javascript" SRC="./Bspl010a.js">
</SCRIPT>                                              <!--(1)-->
  </HEAD>
  <BODY>
<SCRIPT TYPE="text/javascript" SRC="./Bspl010b.js">
</SCRIPT>                                              <!--(2)-->
<NOSCRIPT>
  Sie brauchen JavaScript.
</NOSCRIPT>
  </BODY>
</HTML>
```

(1) Die Definitionsdatei wird am besten im *HEAD*-Bereich des Dokumentes eingefügt. An dem Aufbau des *SCRIPT*-Tags ändert sich dabei außer dem Dateinamen gar nichts. Die Dateien, die hier eingebaut werden, sollten aber wirklich nur Definitionen enthalten, denn viele Objekte – wie beispielsweise *document* – werden erst erzeugt, wenn der Browser das *BODY*-Tag verarbeitet hat.

(2) An den gewünschten Stellen im *BODY*-Bereich kann dann jeweils die Datei eingebunden werden, die die Funktion benutzt.

Diese Aufteilung eines JavaScript-Programms auf verschiedene Dateien, insbesondere auf solche, die Definitionen enthalten, und andere, die Funktionsaufrufe enthalten, ist typisch für die Browser-Programmierung.

> *Hinweis:*
> Die nächsten Programme arbeiten mit einer HTML-Datei entsprechend Beispiel 10.

3.3.2 Funktionen mit Parametern

Mit *listScreenProps* haben Sie eine Funktion geschrieben, die eine festgelegte Aufgabe erfüllt. Häufig ist jedoch ein flexibleres Verhalten wün-
schenswert. Das erreicht man, indem man der Funktion Werte, so genannte Parameter, mitgibt, die genauer festlegen, was gemacht oder
womit gearbeitet werden soll. Dieses Prinzip ist Ihnen bereits von Funktionen wie *write* und *parseInt* bekannt, denen auch Parameter übergeben werden, wie zum Beispiel Konstanten oder Inhalte von Variablen.
Das nächste Programm stellt Ihnen eine Funktion vor, die Daten in
einer Zeile ausgibt, ohne dass man jedes Mal das HTML-Tag für eine
Zeilenschaltung mit angeben muss.

```
// Bspl011a.js
function print(ausgabe) {                              //(1)
   document.write("<BR>",ausgabe)                      //(2)
}
```

(1) Hier sind die runden Klammern beim Funktionsnamen nicht mehr
    leer, sondern enthalten den Namen einer Variablen. Allein durch
    ihre Nennung an dieser Stelle wird *ausgabe* als Übergabevariable für
    die Funktion – auch Parameter oder Argument genannt – deklariert.
(2) Innerhalb der Funktion wird der Parameter *ausgabe* wie jede andere
    Variable benutzt. Hier wird der darin übergebene Wert nach einem
    BR-Tag ausgegeben.

Die Datei *Bspl011a.js* wird wieder im *HEAD*-Bereich eingebaut. Innerhalb des *BODY*-Bereiches kann ein Programm wie *Bspl011b.js* diese
Funktion dann nutzen.

```
// Bspl011b.js

var wert = 25

print(15)                                              //(1)
print("Text")
print()                                                //(2)
print(3+8)
print(wert)
```

(1) Beim Aufruf der Funktion wird der in den Klammern angegebene Wert an den Funktionsparameter übergeben. Dabei kann es sich um eine Zahl, Text oder den Inhalt einer Variablen handeln. Ausdrücke werden vorher berechnet, und danach erhält der Parameter das Ergebnis zugewiesen.

(2) Werden zu wenig Daten angegeben, enthält der Parameter *undefined*. Falls zu viele angegeben werden, wird der Rest einfach ignoriert.

Die nächste Funktion arbeitet mit zwei Parametern und kann die Ausgabe in einer gewünschten Farbe darstellen.

```
// Bspl012a.js
function printColor(ausgabe, farbe) {
   document.write("<BR><FONT COLOR=" + farbe + ">")
   document.write(ausgabe + "<\/FONT>")
}
```

Mehrere Parameter werden immer durch Komma getrennt in den runden Klammern hintereinander aufgelistet. Mit dem zweiten Parameter *farbe* wird hier ein *FONT*-Tag der HTML aufgebaut, um die Textfarbe festzulegen.

Die folgenden Anweisungen geben den Text *Hallo Leute* nacheinander in Grün, Grau und Schwarz aus.

```
// Bspl012b.js

printColor("Hallo Leute","#00FF00")
printColor("Hallo Leute",0x00FFFF)
printColor("Hallo Leute","black")
```

Wie Sie sehen, können verschiedene Formate für die Farbangaben benutzt werden. Das liegt aber an der HTML, die für das *COLOR*-Attribut sowohl Texte als auch Zahlen akzeptiert.

3.3.3 Funktionen mit Rückgabewerten

Die wichtigste Eigenschaft einer Funktion wurde bisher noch nicht besprochen: die Rückgabe von Werten. Der Funktion *parseInt* zur Ermittlung einer Ganzzahl beispielsweise wird als Parameter eine Zeichenkette übergeben, und sie liefert die enthaltene Zahl zurück. Oder nehmen Sie die Funktion *prompt*. Sie liefert als Ergebnis den eingegebenen Text. In JavaScript wird die Wertrückgabe durch die Anweisung *return* bewirkt. Im nächsten Beispiel soll die Funktion *bmi* den so genannten *Body Mass Index* berechnen – das ist ein Maß für das ideale Verhältnis zwischen Körpergröße und -gewicht – und ihn an die aufrufende Programmstelle zurückgeben.

```
// Bspl013a.js

function bmi(gewicht, groesse) {              //(1)
  var ergebnis                                //(2)
  ergebnis = gewicht / (groesse * groesse)    //(3)
  return ergebnis                             //(4)
}
```

(1) Die Funktion *bmi* soll zwei Parameter übernehmen: das Körpergewicht und die Körpergröße.
(2) Für das Rechenergebnis wird eine Variable deklariert.
(3) Ihr wird das Resultat der Berechnungsformel zugewiesen.
(4) Dies ist die wesentliche Anweisung. Durch *return* wird einerseits die Funktion beendet – eventuell folgende Anweisungen werden nicht mehr ausgeführt –, andererseits der Wert der folgenden Variablen an die aufrufende Stelle zurückgeliefert. Eine *return*-Anweisung darf auch mehrmals in einer Funktion auftreten (siehe Kapitel 7.1.1).

Das Beispiel kann auch kürzer gefasst werden, indem auf die Variable zum Speichern des Ergebnisses verzichtet wird. Dann sieht die gleiche Funktion so aus:

```
// Bspl013a.js

function bmi(gewicht, groesse) {
  return gewicht / (groesse * groesse)
}
```

An ihrer Arbeitsweise hat sich dabei nichts geändert. Hier wird jetzt die Formel berechnet und ihr Ergebnis ohne Zwischenspeicherung sofort zurückgegeben.

Das folgende Skript nutzt diese Funktion im *BODY*-Bereich.

```
// Bspl013b.js

var bmi

bmi = bmi(77.6,1.80)
document.write("<BR>Ihr Body Mass Index: ", bmi)
```

In der Markierung wird die Funktion aufgerufen. Ihre Anweisungen werden daraufhin bis zum *return* ausgeführt. Der zurückgegebene Wert tritt dann an die Stelle des Funktionsaufrufs und wird der Variablen zugewiesen. Wie Sie sehen, dürfen Funktionen und Variablen gleiche Namen tragen, denn sie sind ja an Hand der runden Klammern unterscheidbar.

Auch dieses Skript lässt sich kürzer schreiben:

```
// Bspl013b.js

document.write("<BR>Ihr Body Mass Index: ",
               bmi(77.6,1.80))
```

Hier tritt der von der Funktion zurückgegebene Wert sofort an die Stelle des zweiten Parameters von *write*.

3.3.4 Sichtbarkeit und Lebensdauer von Variablen

Ein Aspekt der Variablen wurde bisher nicht behandelt: In welchen Programmbereichen können sie verwendet werden? Nachdem Sie die Funktionen kennen gelernt haben, kann dies nachgeholt werden.

Als Beispiel soll die folgende JavaScript-Datei dienen, die wieder in den *HEAD*-Bereich eines HTML-Dokumentes eingebunden wird.

```
// Bspl014a.js

var zahl1 = 10                                    //(1)

function f1() {
```

```
    var zahl1 = 0                                    //(2)
    zahl1++                                          //(3)
    document.write("<BR>zahl1 in f1: ",zahl1)
  }
  function f2() {
    var zahl2 = 0                                    //(4)
    zahl1++                                          //(5)
    zahl2++
    document.write("<BR>zahl1 in f2: ",zahl1)
    document.write("<BR>zahl2 in f2: ",zahl2)
  }
```

(1) Diese Variable *zahl1* wird auf der höchsten Ebene des Programms definiert. Damit ist nicht gemeint, dass sie hier als erste Anweisung steht, sondern dass sie zu keiner Funktion gehört. Solche Variablen heißen globale Variablen, weil sie dadurch «weltweit» im Programm bekannt sind.

(2) Im Gegensatz dazu gehört diese Variable *zahl1* zu der Funktion *f1*, denn sie wird innerhalb des durch die geschweiften Klammern markierten Funktionsblocks definiert. Diese begrenzen auch ihren Gültigkeitsbereich. Derartige Variablen heißen lokale Variablen und müssen übrigens immer mittels *var* definiert werden. Ihr Name ist bewusst gleich lautend mit dem der globalen Variablen. Dies ist ohne weiteres möglich. Nur Variablen derselben Ebene müssen sich im Namen unterscheiden. Außerhalb der Funktionen und innerhalb von *f1* darf es daher keine weitere Variable mit Namen *zahl1* geben.

(3) Zunächst einmal wird in dieser Anweisung ein neuer Operator benutzt, der so genannte Inkrementoperator ++. Er erhöht den Wert einer Variablen immer um 1. Alternativ könnten Sie also *zahl1 = zahl1 + 1* schreiben. Mehr über den Inkrementoperator lesen Sie im Kapitel 5. Das Entscheidende ist hier aber die Frage: Welche Variable von den beiden *zahl1* wird hier verändert, und welcher Wert wird später angezeigt, 1 oder 11? Die Antwort lautet: Die lokale Variable wird hier von 0 um 1 erhöht. Sie steht der Funktion näher und verdeckt die globale Variable. Diese kann allerdings auch in *f1* benutzt werden, wenngleich es etwas schwieriger ist, da eben eine lokale Variable gleichen Namens existiert.

(4) In dieser Funktion trägt die einzige lokale Variable einen anderen Namen, nämlich *zahl2*.

(5) Dadurch wird die globale Variable nicht verdeckt, und der Inkrementoperator erhöht nun ihren Wert in dieser Anweisung.

Um dies auszuprobieren, wird das folgende Skript im *BODY*-Bereich des Dokumentes aufgerufen.

```
// Bspl014b.js

document.write("<BR>zahl1: ",zahl1)          //(1)
f1()
f2()
f1()
f2()
document.write("<BR>zahl2: ",zahl2)          //(2)
```

(1) Diese Anweisung gehört zu keiner Funktion. Daher ist mit *zahl1* die globale Variable gemeint.
(2) Mit *zahl2* kann hier auch nur eine globale Variable angesprochen werden. Da aber keine mit einem solchen Namen existiert, tritt bei einigen Browsern ein Skriptfehler auf: *'zahl2' ist nicht definiert*. Andere ignorieren diese Anweisung einfach.

Durch die beiden Skripte wird das folgende Dokument dargestellt.

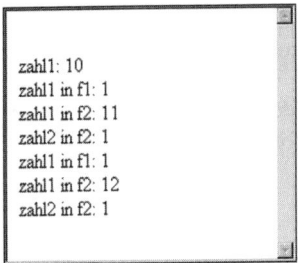

```
zahl1: 10
zahl1 in f1: 1
zahl1 in f2: 11
zahl2 in f2: 1
zahl1 in f1: 1
zahl1 in f2: 12
zahl2 in f2: 1
```

Wie Sie sehen, fehlt die Ausgabe der fehlerhaften Anweisung. Ansonsten fällt auf, dass die globale Variable bei jedem Aufruf von *f2* ihren Wert erhöht, während die lokalen Variablen sowohl in *f1* als auch in *f2* ständig den Wert 1 besitzen. Dies liegt daran, dass eine globale Variable von ihrer Definition an ständig weiterexistiert und ihren aktuellen

Wert somit stets bis zur nächsten Änderung behält. Im Gegensatz dazu wird eine lokale Variable bei jeder Definition neu angelegt und am Ende der Funktion zerstört. In diesem Beispiel werden *zahl1* und *zahl2* innerhalb der Funktionen also jedes Mal neu von 0 um 1 hochgezählt.

3.4 Zusammenfassung

Zum Schluss dieses Kapitels sind hier die wichtigsten Punkte zusammengefasst:

- JavaScript ist ‹case-sensitive›, das heißt, es wird zwischen Groß- und Kleinschreibung unterschieden.
- Es besteht bei Variablen kein Unterschied zwischen ganzen Zahlen und Fließkommazahlen.
- Variablen sollten mittels *var* definiert und mit einem Wert initialisiert werden.
- Variablennamen beginnen mit Buchstaben oder Unterstrich und dürfen auch Ziffern enthalten.
- Als Zuweisungsoperator wird das Gleichheitszeichen (=) verwendet.
- Bei einer Wertzuweisung darf auf der linken Seite nur eine Variable stehen.
- Die Funktion *prompt* dient der Eingabe von Daten in Textform.
- Textdarstellungen können mittels *parseInt*, *parseFloat* und *eval* in Zahlenwerte umgewandelt werden.
- Das Schlüsselwort *with* legt das Standardobjekt für die Methoden eines Anweisungsblocks fest.
- Eine Funktionsdefinition besteht aus dem Schlüsselwort *function*, dem Funktionsnamen, der Parameterliste und dem Anweisungsblock.
- In der Parameterliste werden die Namen der übergebenen Werte aufgeführt.
- Die Anweisung *return* dient zur Rückgabe eines Wertes und beendet die Funktion.
- Ein *return* ohne folgenden Ausdruck verlässt die Funktion, ohne einen Wert zurückzugeben.

3.5 Übungen

Aufgabe 4

Schreiben Sie ein Programm, das den Benzinverbrauch eines Autos in Litern je 100 Kilometer errechnet. Als Eingabe benötigt das Programm den Benzinverbrauch in Litern und die gefahrenen Kilometer. Der Verbrauch pro 100 Kilometer ergibt sich aus: Liter * 100/km.

Aufgabe 5

Welche der folgenden Zuweisungen sind falsch?

a) summe = summe + 10
b) x*x = x*5
c) 5a = anfang + ende
d) wert = eingabe + alter_wert * 2
e) g_betrag = betrag * 1.14

Aufgabe 6

Warum liefert das folgende Programm kein Ergebnis?

```
// Aufg006.js

var summe, zahl
zahl = 10
summe = summe + zahl
summe = summe + zahl
document.write("<BR>Ergebnis = ",summe)
```

Aufgabe 7

Wie muss eine Funktion *min* aussehen, die den kleineren von zwei Werten zurückliefert?

Aufgabe 8

Schreiben Sie eine Funktion mit Namen *abs*, die den Absolutwert (den Wert ohne Vorzeichen) eines numerischen Wertes zurückliefert.

Aufgabe 9

Schreiben Sie eine Funktion mit dem Namen *vorzeichen*, die als Parameter einen Wert erhält. Wenn dieser größer als null ist, soll 1, wenn er kleiner als null ist, −1, und wenn er gleich null ist, 0 zurückgegeben werden.

4 Entscheidungen

In den bisherigen Kapiteln haben Sie Programme mit einer sequenziellen Struktur geschrieben. Die Befehle wurden hierbei von oben nach unten der Reihe nach abgearbeitet. In diesem Kapitel werden Sie eine wichtige Programmstruktur kennen lernen: die bedingten Anweisungen. Mit Hilfe solcher Entscheidungen kann bestimmt werden, welcher Programmteil zu durchlaufen ist.

4.1 Entscheidungen in Ausdrücken

Häufig müssen Programme Entscheidungen treffen. Egal, ob dabei eine Berechnung auszuwählen oder ein Anweisungsblock auszuführen ist, immer werden sie nach dem Schema *wenn ...*, *dann ...* gefällt.

Für alternative Berechnungen und Zuweisungen stellt JavaScript einen speziellen Operator zur Verfügung, der im folgenden Programm verwendet wird, um zu entscheiden, welche von zwei Zahlen die größere ist.

```
// Bspl015.js

var x,y
document.write("<BR>Zahlenvergleich<BR>")
x = parseInt(prompt("Bitte x eingeben:",0))
y = parseInt(prompt("Bitte y eingeben:",0))
document.write(
  "<BR>Die gr&ouml;&szlig;ere Zahl lautet ",
  (x>y) ? x : y)
```

Wenn Sie beispielsweise als Zahlen 22 und 198 eingeben, erhalten Sie vom Programm die folgende Ausgabe.

Zahlenvergleich

Die größere Zahl lautet 198

Die Entscheidung, welche Zahl die größere von beiden ist, wird an der markierten Stelle im Skript innerhalb der *write*-Anweisung getroffen. Der letzte auszugebende Wert ist hier der Ausdruck *(x>y) ? x : y*. Diese «Formel» wird folgendermaßen berechnet: Die Bedingung *wenn x größer als y ist* vor dem Fragezeichen bestimmt das Ergebnis. Ist sie wahr, wird der Wert eingesetzt, der dem Fragezeichen folgt, ist sie jedoch falsch, wird derjenige benutzt, der hinter dem Doppelpunkt steht. Wenn *x* also größer als *y* ist, wird *x* von *write* ausgegeben, ansonsten *y*. Bei der Kombination *? :* handelt es sich um einen so genannten *ternären* (= dreifach) Operator, weil er mit drei Ausdrücken arbeitet, nämlich der Bedingung, dem Ausdruck für den Wahrheitsfall und dem alternativen Ausdruck.

Vergleichsoperatoren
Mit der Formulierung $x > y$ wird ein Vergleich durchgeführt. Sein Ergebnis lautet entweder *ja* oder *nein* bzw. *wahr* oder *falsch*. Das Zeichen > ist ein so genannter Vergleichsoperator. Er legt fest, wie der Vergleich durchgeführt werden soll. Die folgende Tabelle enthält alle derartigen Operatoren.

Zeichen	Bedeutung
<	kleiner als
>	größer als
<=	kleiner oder gleich
>=	größer oder gleich
!=	ungleich
==	gleicher Wert
===	exakt gleicher Wert **und** Typ
!==	Wert **oder** Typ sind nicht gleich

> *Wichtig:*
> Verwechseln Sie nicht den Zuweisungsoperator (=) mit dem Vergleichsoperator (==)! Diese Verwechslung dürfte wohl einer der häufigsten Fehler bei Anfängern sein.

Bevor Sie mit komplexeren Entscheidungsproblemen weitermachen, sollten Sie zuerst die folgende Aufgabe lösen.

Aufgabe 10

Was bewirken die folgenden Ausdrücke?

a) (x<0) ? −x : x
b) (celsius < −273.15) ? −273.15 : celsius

Mit Hilfe des ternären Operators *? :* können auch komplexere Entscheidungen getroffen werden, wie das Programm *Bspl016.js* zeigt. Hier wird die größte von drei Zahlen ermittelt.

```
// Bspl016.js

var x,y,z
document.write("<BR>Zahlenvergleich<BR>")
x = parseInt(prompt("Bitte x eingeben:",0))
y = parseInt(prompt("Bitte y eingeben:",0))
z = parseInt(prompt("Bitte z eingeben:",0))
document.write(
  "<BR>Die gr&ouml;&szlig;te Zahl lautet ",
  (x>y) ? ((z>x)? z : x) : ((z>y)? z : y) )
```

Testen Sie das Programm mit verschiedenen Eingaben. Sie erhalten immer korrekte Berechnungen.

Die etwas chaotische Formel in der Markierung ist nichts anderes als ein ternärer Ausdruck, der wiederum sowohl im Ja- als auch im Nein-Teil einen weiteren ternären Ausdruck enthält. Diese sind zur Sicherheit und zur Verdeutlichung in runde Klammern gesetzt. Wenn *x* größer als *y* ist, wird durch den nächsten Ausdruck festgestellt, ob etwa nun *z* größer als *x* ist. Stimmt das, dann ist *z*, ansonsten *x* der größere Wert. Ist *x* nicht größer als *y*, dann wird durch den dritten Ausdruck geprüft, ob z denn größer als y ist. In dem Fall ist wieder z, ansonsten y der größte Wert. Die folgende Grafik macht dies nochmals deutlich.

```
(x>y) — ja   → ? ((z>x) — ja   → ? z )
      |                 └── nein → : x )
      └─── nein → : ((z>y) — ja   → ? z )
                        └── nein → : y )
```

In dem Operator ?: haben Sie nun eine Möglichkeit kennen gelernt, für Berechnungen zwischen verschiedenen Ergebnissen auszuwählen. Statt jeweils den Inhalt einer Variablen einzusetzen, wie in den beiden Beispielen dieses Kapitels, kann natürlich auch jeweils eine andere Formel benutzt werden, wie beispielsweise bei der Berechnung des Erbanteils eines Ehegatten. Dies könnte etwa so aussehen:

```
document.write("Das Erbe beträgt ",
    (kinderzahl > 0) ? vermoegen/4 : vermoegen/2,
    " EUR")
```

4.2 Bedingte Anweisungen

Wenn ein Programm je nach Situation nicht nur anders rechnen, sondern gleich eine ganze Gruppe von Anweisungen ausführen soll, dann ist die im Kapitel 4.1 dargestellte Methode nicht mehr geeignet. Für solche Zwecke kennt JavaScript das Schlüsselwort *if*.
Im folgenden Programm wird die Anweisung *if* benutzt, um festzustellen, welche Option ausgeführt werden soll. Es kann wahlweise DM in Euro oder Euro in DM umrechnen. Für die Eingaben wird weiterhin die Funktion *prompt* verwendet, obwohl HTML-Formulare eine elegantere Lösung ermöglichen. Dies wird jedoch später in Kapitel 8.3 gezeigt.

```
// Bspl017.js

var wahl,betrag

document.write("<BR>EURORECHNER<BR>")
```

```
wahl = parseInt(prompt("1 DM-->EURO\n2 EURO-->DM"
    ,0))                                            //(1)
if (wahl == 1) {                                    //(2)
   betrag = parseFloat(prompt("DM-Betrag:",0))
   document.write("<BR>",betrag," DM sind "
     ,betrag*0.51129," EURO")
}                                                   //(3)
if (wahl == 2) {                                    //(4)
   betrag = parseFloat(prompt("EURO-Betrag:",0))
   document.write("<BR>",betrag," EURO sind "
     ,betrag*1.95583," DM")
}
```

Vom Programm wird im ersten Eingabefeld ein kleines Auswahlmenü angezeigt, das die Programmoptionen auflistet. Durch die Escapesequenz \n wird der Zeilenumbruch im Dialogfeld erzeugt.

Abhängig von der eingegebenen Ziffer wird dann der Betrag abgefragt und die Rechnung ausgeführt. Die Bildschirmanzeige sieht zum Beispiel folgendermaßen aus:

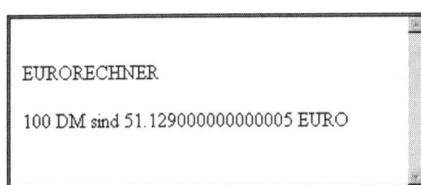

Die Steuerung des Programms funktioniert auf folgende Weise:

(1) Hier wird das Auswahlmenü im ersten Dialogfeld angezeigt. Mittels Escapesequenzen kann hier formatiert werden. Durch \n erreicht man wie hier einen Zeilenumbruch und durch \t eine tabellarische Ausrichtung.

(2) Hinter der *if*-Anweisung wird durch geschweifte Klammern ein Block gebildet, der nur dann abgearbeitet wird, wenn die Bedingung hinter *if* wahr ist. Diese Bedingung muss immer in runde Klammern gesetzt werden. Hier werden die Anweisungen hinter der Klammer { nur dann ausgeführt, wenn der Wert der Variablen *wahl* gleich 1 ist. An dieser Stelle soll auch ein Problem nicht übergangen werden, das durch unsachgemäß gesetzte Semikolons entstehen kann. Wenn Sie nämlich die *if*-Anweisung in der Form *if (wahl == 1);* mit einem Semikolon abschließen, gehört der Block in den geschweiften Klammern schon nicht mehr zum *if*! Der Bereich zwischen der runden Klammer) und dem Semikolon stellt eine leere Anweisung dar, die als *if*-Anweisungsblock interpretiert wird. Dieser Fehler ist oft nur schwer zu entdecken, wenn das Programm nicht eingehend getestet wird. Dies ist mit ein Grund, warum die Beispiele dieses Buches ohne Verwendung der Semikolons entworfen worden sind.

(3) Ansonsten wird das Programm sofort hinter dieser schließenden Klammer fortgesetzt. Die von den geschweiften Klammern eingeschlossenen Anweisungen werden dadurch übersprungen.

(4) In jedem Fall wird danach die nächste *if*-Anweisung ausgeführt. Ist der Wert der Variablen *wahl* gleich 2, dann wird der zugehörige Block ausgeführt. Weil *wahl* immer nur einen Wert annehmen kann und dieser sich zwischendurch nicht ändert, schließen die beiden *if*-Blöcke sich gegenseitig aus. Es wird vom Programm also immer nur einer ausgeführt.

Die unterschiedliche Wirkung der Zuweisung = sowie der Vergleichsoperatoren == und === können Sie an diesem Beispiel testen:

- Wenn statt des Vergleichsoperators == fälschlicherweise der Zuweisungsoperator = eingetippt wurde, werden sowohl DM in EURO als auch EURO in DM umgerechnet. Dies liegt daran, dass in den Klammern hinter dem *if* nun zuerst die Zuweisung ausgeführt und dann der Wert der Variablen getestet wird. Es steht dort also dann *if (1)* bzw. *if (2)* und das wird jedes Mal als *wahr* angesehen, nur *if(0)* liefert *falsch* (siehe Seite 33).

- Durch den Vergleichsoperator == wird nur getestet, ob die Werte übereinstimmen. Der Vergleich funktioniert auch, wenn die Funktion *parseInt* nicht eingesetzt wird, um die Zeichenketteneingabe in eine ganze Zahl umzuwandeln.

■ Wird der Vergleichsoperator === (siehe Kapitel 4.1) jedoch verwendet, dann müssen auch die Datentypen übereinstimmen. Da 1 bzw. 2 jeweils eine ganze Zahl darstellen, ist *parseInt* hier auf jeden Fall notwendig.

4.3 Einfache Verzweigungen

Die *if*-Anweisung kann um den Zusatz *else* erweitert werden. Diese Konstruktion benutzt man immer dann, wenn man aus genau zwei Alternativen auswählen will. Das nächste Programm verwendet diese Struktur, um zwischen möglichen und unmöglichen Temperaturen zu unterscheiden.

```
// Bsp1018.js

var temperatur

document.write("<BR>TEMPERATURRECHNER<BR>")
temperatur = parseFloat(prompt("Temperatur (°C)",0))
if (temperatur >= -273.15)                              //(1)
    document.write("<BR>",temperatur," °C sind "
      ,temperatur+273.15," K")
else                                                    //(2)
    document.write(
      "<BR>Diese Temperatur gibt es nicht!")
```

Das Beispiel rechnet Grad Celsius in Kelvin um, die physikalische Temperatureinheit. Bei Eingabe von –273.15 °C wird die Temperatur des absoluten Nullpunktes ausgegeben.

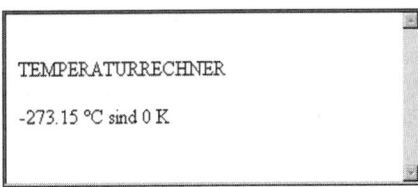

TEMPERATURRECHNER

-273.15 °C sind 0 K

(1) Die *if-else*-Anweisung besteht zunächst aus einem *if* mit der zugehörigen Bedingung. Ihm folgt der Anweisungsblock, der auszu-

führen ist, wenn diese wahr ist. Das ist hier der Fall, wenn der Wert von *temperatur* größer oder gleich −273,15 ist. Wenn wie hier nur eine einzige Anweisung abgearbeitet werden soll, dann können Sie auf die geschweiften Klammern verzichten. Wenn Sie sich jedoch angewöhnen, immer mit Klammern zu arbeiten, dann sind die Blöcke in Ihren Programmen deutlicher zu erkennen.

(2) Direkt hinter dem Anweisungsblock bzw. der einzigen Anweisung des *if* folgt das Schlüsselwort *else* mit dem alternativen Anweisungsblock. Ist nun der Ausdruck hinter *if* falsch, in unserem Beispiel also, wenn der Wert der Variablen *temperatur* kleiner als −273,15 ist, dann wird die Anweisung hinter *else* ausgeführt.

Der Vorteil von *if–else* gegenüber der Verwendung von zwei *if*-Anweisungen ist der, dass nur eine einzige Bedingung getestet werden muss; das Programm arbeitet also schneller. Die Verwendung des *else* ist allerdings nicht ganz unproblematisch. Gibt es nämlich mehr als zwei Alternativen und ist die Bedingung hinter *if* nicht wahr, dann werden ohne weitere Prüfung die Anweisungen hinter *else* abgearbeitet. Ein Beispiel für ein solches Fehlverhalten zeigt Programm *Bspl019.js*.

```
// Bspl019.js - Dies Programm arbeitet nicht korrekt!

var x

x = parseInt(prompt("Bitte Zahl eingeben:",0))
if (x > 0)
  document.write("<BR>Die Zahl ist positiv.")
else
  document.write("<BR>Die Zahl ist negativ")
```

Der Programmierer beabsichtigte, die eingegebenen Zahlen in positive und negative Werte aufzuteilen. Er hat jedoch übersehen, dass auch die Zahl 0 eingegeben werden kann. In dem Fall trifft die Bedingung $x > 0$ nicht zu. Daraufhin wird zur Anweisung hinter *else* verzweigt, und das Programm behauptet, dass 0 eine negative Zahl sei.

4.4 Geschachtelte Verzweigungen

Das zuletzt beschriebene Problem kann man umgehen, indem man drei *if*-Abfragen ohne *else*-Zweig ähnlich *Bspl017.js* verwendet, die jeden der drei Fälle gesondert behandeln. Dadurch werden aber jedes Mal alle drei Bedingungen überprüft, egal welcher Wert eingegeben wird.
Die bessere Lösung verwendet eine Konstruktion aus *if* und *else if*, wie das folgende Beispiel zeigt.

```
// Bspl020.js

var wahl,betrag

document.write("<BR>EURORECHNER<BR>")
wahl = parseInt(prompt("1 DM-->EURO\n2 EURO-->DM",0))
if (wahl == 1) {
  betrag = parseFloat(prompt("DM-Betrag:",0))
  document.write("<BR>",betrag," DM sind "
    ,betrag*0.51129," EURO")
}
else if (wahl == 2) {                              //(1)
  betrag = parseFloat(prompt("EURO-Betrag:",0))
  document.write("<BR>",betrag," EURO sind "
    ,betrag*1.95583," DM")
}
else                                               //(2)
  document.write("<BR>Ung&uuml;ltige Option")
```

(1) Die *else if*-Anweisung funktioniert wie ein *else*, nur mit dem Unterschied, dass hier zusätzlich eine weitere Bedingung angegeben wird. Diese wird jedoch erst dann überprüft, wenn der *if*-Test *wahl == 1* negativ verlaufen ist. Ist sie wahr, wird der ihr folgende Anweisungsblock abgearbeitet.
(2) Der *else*-Block wird bei Verwendung von *else if* erst dann vom Programm durchlaufen, wenn auch die Bedingung beim *else if* falsch ist. In einer *if*-Struktur dürfen mehrere *else if*, aber nur ein *else* benutzt werden.

Bei der im Programm *Bspl020.js* vorgestellten Lösung mittels *else if* werden nachfolgende Tests immer erst dann durchgeführt, wenn die vorherigen negativ waren. Ist die *if*-Bedingung bereits positiv, dann werden sie anschließend übersprungen. Dadurch arbeitet das Programm viel effektiver, als wenn es jedes Mal alle Tests überprüfen muss.

4.5 Logische Verknüpfungen

Die Bedingungen, die bisher verwendet wurden, bestanden immer nur aus einem Vergleich zweier Werte (*a > b*, *summe != 100* usw.). Es ist jedoch häufig der Fall, dass man eine Aktion von mehreren Bedingungen gleichzeitig abhängig machen will. Im täglichen Leben benutzt man ständig solche Entscheidungen:

«Wenn es Sonntag regnet und wenn meine Freundin kommt, dann gehen wir ins Kino.»

Diese Aussage verknüpft zwei Bedingungen miteinander. Die Aktion *gehen wir ins Kino* wird nur dann wahr, wenn beide Teilaussagen *Wenn es Sonntag regnet* und *wenn meine Freundin kommt* stimmen.
Für solche komplexen Bedingungen lassen sich so genannte Wahrheitstabellen aufstellen. Aus ihnen kann man ablesen, ob die Verknüpfung mehrerer Aussagen wahr oder falsch ist. Für das obige Beispiel sieht eine solche Tabelle folgendermaßen aus.

Aussagen		Ergebnis
Regen am Sonntag	Freundin kommt	Kinobesuch
falsch	falsch	falsch
falsch	wahr	falsch
wahr	falsch	falsch
wahr	wahr	wahr

Das Ergebnis ist nur dann wahr, wenn beide Einzelaussagen wahr sind. In der Programmierung spricht man bei einer derartigen Verknüpfung von einer logischen *UND*-Verknüpfung (engl. *AND*) und verwendet dafür spezielle Zeichen, so genannte logische Operatoren. So verwendet JavaScript für das logische *UND* den Operator &&.

4.5.1 Die Grundverknüpfungen

Logisches UND
In dem gerade erläuterten Beispiel haben Sie eine der beiden wichtigsten logischen Verknüpfungen kennen gelernt: die *UND*-Verknüpfung.
A und *B* sind jeweils die Ergebnisse eines Vergleichs.

Aussagen		Ergebnis
A	**B**	**A UND B**
falsch	falsch	falsch
falsch	wahr	falsch
wahr	falsch	falsch
wahr	wahr	wahr

Das Resultat ist nur dann wahr, wenn beide Einzelaussagen wahr sind. JavaScript verwendet für diese Verknüpfungsart das Zeichen &&. Beispiele:

```
if (summe == 5 && anzahl < 1)
if (x < 1000 && y != 512)
```

Logisches ODER
Ebenfalls sehr häufig wird die *ODER*-Verknüpfung benötigt. Hier genügt es, dass einer der beiden Vergleiche wahr ist, um den gesamten Ausdruck wahr werden zu lassen.

Aussagen		Ergebnis
A	**B**	**A ODER B**
falsch	falsch	falsch
falsch	wahr	wahr
wahr	falsch	wahr
wahr	wahr	wahr

Vielleicht fällt Ihnen bei dieser Tabelle auf, dass das Ergebnis auch dann wahr ist, wenn beide Aussagen wahr sind. Dies entspricht nicht dem allgemeinen Sprachgebrauch, wo *oder* häufig im Sinne von *entweder–oder* (siehe Kapitel 4.5.4) verwendet wird! Für die *ODER*-Verknüpfung benutzt JavaScript den Operator ||. Beispiele:

```
if (wahl == 1 || wahl == 2)
if (summe == 10 || zahl2 == 20)
if (n > x || n < y)
```

Logisches NICHT
Abschließend lernen Sie noch den *NICHT*-Operator kennen. Er dreht den Wahrheitswert einer Aussage um.

Aussage	Ergebnis
A	NICHT A
falsch	wahr
wahr	falsch

Bei JavaScript wird dafür das Ausrufungszeichen (!) verwendet. Wenn in der Bedingung *if (!(eingabe > 5))* der Ausdruck *eingabe > 5* wahr ist, wird er durch das *!* in falsch umgewandelt.
Der *NICHT*-Operator wird weniger häufig als der *UND*- und der *ODER*-Operator eingesetzt, denn jeder Vergleich lässt sich auch so formulieren, dass auf den *NICHT*-Operator verzichtet werden kann. So liefern *if(!(eingabe > 5))* und *if (eingabe <= 5)* das gleiche Ergebnis.

4.5.2 Reihenfolge der Auswertung

Es können beliebig viele Aussagen durch logische Operatoren verknüpft werden. Daher ist die folgende Programmzeile durchaus üblich.

```
if (x > 5 || zahl == 4 && x < zahl)
```

Sie erinnern sich wahrscheinlich an die alte Schulweisheit *Punktrechnen geht vor Strichrechnen*, mit der etwas über den Vorrang von Operatoren ausgesagt wird. Ähnliches gilt auch für die logischen Operatoren. Bei ihnen gilt folgende Reihenfolge:

!   stärkste Bindung
&&
| | schwächste Bindung

Wenn in dem aufgeführten Beispiel die Variable x den Wert 3 hat und *zahl* den Wert 4, dann erfolgt die Bewertung des Gesamtausdrucks in dieser Reihenfolge:

1. Zuerst werden die Ergebnisse der Vergleiche ermittelt. Da $x > 5$ falsch ist und sowohl *zahl* == *4* als auch $x < zahl$ richtig sind, lautet das Zwischenergebnis: *if (falsch ODER richtig UND richtig)*.
2. Da *&&* den höheren Rang hat, wird zuerst *richtig UND richtig* bewertet, was *richtig* ergibt. Nun verbleibt die einfache Verknüpfung *if(falsch ODER richtig)*.
3. Die Auswertung der *ODER*-Verknüpfung liefert den endgültigen Wahrheitswert *richtig*.

Kommen in einem Ausdruck logische Operatoren mit gleichem Rang vor, wird von links nach rechts bewertet. Soll ein Ausdruck anders ausgewertet werden, so kann man dies durch Klammern erreichen. In dem Ausdruck

```
if ((x > 5 || zahl == 4) && x < zahl)
```

wird zuerst die *ODER*- und dann die *UND*-Verknüpfung berechnet. Das Ergebnis lautet bei diesem Beispiel trotzdem wiederum *richtig*. Weil die Vergleichsoperatoren <, > usw. Vorrang vor den logischen Operatoren haben, können sie ohne Klammern verwendet werden. Die Schreibweise:

```
if ((x > 5) || (zahl == 4) && (x < zahl))
```

ist zwar nicht falsch, aber überflüssig. Sie sollten sich diese Sachverhalte gut einprägen, da Sie ohne deren Verständnis an vielen Stellen Probleme bekommen.

Aufgabe 11

Sind die folgenden Aussagen wahr oder falsch?

a) var a=5,b=18
    if (a > 0 && b != 18)

b) var zahl=10,wert=100
    if (zahl != 0 || zahl > wert || wert-zahl == 90)

c) var x=1.0,y=5.7
    if (x >= .9 && y <= 5.8)

d) var n1=1,n2=17
    if (n1 > 0 && n2 > 0 || n1 > n2 && n2 != 17)

4.5.3 Logische Werte

Nachdem Sie nun bereits geraume Zeit mit Wahrheitswerten gearbeitet haben, wollen Sie wahrscheinlich endlich wissen, was dahinter steckt. Intern stellt JavaScript den Wahrheitswert *falsch* durch *0* dar und den Wahrheitswert *richtig* durch *1*. Aber auch alle anderen Zahlen, die *ungleich 0* sind, werden als *richtig* interpretiert. Deshalb funktioniert beispielsweise der folgende Ausdruck:

```
if (x && y )
```

Diese Bedingung ist nur dann wahr, wenn sowohl *x* als auch *y* einen Wert enthalten, der von 0 abweicht.
Das Ergebnis eines Vergleichs oder eines logischen Ausdrucks kann natürlich auch gespeichert werden, wie zum Beispiel in *Bspl021.js*:

```
// Bspl021.js

var x = 5, y = 11, z = 3
var ergebnis, resultat                              //(1)
```

```
ergebnis = x < y                                          //(2)
resultat = x || z < y
if (ergebnis)                                             //(3)
   document.write("<BR>x ist kleiner als y")
else
   document.write("<BR>x ist groesser oder gleich y")
document.write("<BR>",ergebnis)                           //(4)
document.write("<BR>",resultat)                           //(5)
```

Das Programm zeigt Folgendes am Bildschirm an:

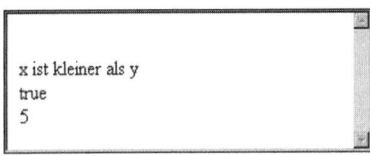

x ist kleiner als y
true
5

(1) Die Variablen *ergebnis* und *resultat* sollen Wahrheitswerte speichern, also das Ergebnis logischer Auswertungen.

(2) Die Ergebnisse von Vergleichen und logischen Verknüpfungen können durch einfache Zuweisung gespeichert werden. Der logische Ausdruck auf der rechten Seite wird ausgewertet und sein Resultat in der Variablen abgelegt.

(3) Es wird einfach der Inhalt der Variablen auf *wahr* getestet. Ein Vergleich *ergebnis == 1* funktioniert zwar auch, ist jedoch überflüssig.

(4) Derartige Variablen, die das Ergebnis eines logischen Vergleichs enthalten, werden ganz normal ausgegeben.

(5) Anders sieht das aus, wenn logische Verknüpfungen verwendet werden. Der *ODER*-Operator || liefert den ersten Operanden (hier 5), wenn er sich zu *true* konvertieren lässt (also ungleich 0 ist), ansonsten den zweiten Operanden (hier *z < y*). Die gleiche Technik setzt er auch bei logischen Werten ein, was dann zu den bekannten Ergebnissen führt. Der *UND*-Operator && liefert den ersten Operanden, wenn er zu *false* konvertiert werden kann (was 0 entspricht), ansonsten den zweiten Operanden.

4.5.4 Sonderverknüpfungen

Manche Programmiersprachen kennen mehr logische Operatoren als JavaScript. Für die Umsteiger unter Ihnen, die bisher solchen «Komfort» genutzt haben, stellt dieses Kapitel fünf weitere Verknüpfungen vor und zeigt, wie diese in JavaScript formuliert werden.

Logisches NAND

Bei einer *NICHT-UND*-Verknüpfung wird das Ergebnis nur dann falsch, wenn beide Teilaussagen wahr sind.

Aussagen		Ergebnis
A	**B**	**A NAND B**
falsch	falsch	wahr
falsch	wahr	wahr
wahr	falsch	wahr
wahr	wahr	falsch

Die gleiche Wahrheitstabelle liefert der Ausdruck *!(A && B)*.

Logisches NOR

Die *NICHT-ODER*-Verknüpfung liefert immer falsch, es sei denn, die Teilaussagen sind beide falsch. Dann ist das Ergebnis wahr. Sprachlich wird dies durch *weder ... noch ...* ausgedrückt.

Aussagen		Ergebnis
A	**B**	**A NOR B**
falsch	falsch	wahr
falsch	wahr	falsch
wahr	falsch	falsch
wahr	wahr	falsch

In JavaScript kann man dies so schreiben: *!(A || B)*.

Logisches XOR

Das *exklusive ODER* (Antivalenz), sprachlich als *entweder ... oder ...* formuliert, liefert nur dann wahr, wenn eine Teilaussage falsch und die andere wahr ist.

Aussagen		Ergebnis
A	B	A XOR B
falsch	falsch	falsch
falsch	wahr	wahr
wahr	falsch	wahr
wahr	wahr	falsch

Der entsprechende JavaScript-Ausdruck lautet *!A && B || A && !B*.

Logisches XNOR
Das *exklusive NICHT-ODER*, auch Äquivalenz (in Visual Basic: *Eqv*) genannt, ergibt immer dann wahr, wenn die Teilaussagen übereinstimmen. Dies kann man als *aus ... folgt ...* formulieren.

Aussagen		Ergebnis
A	B	A XNOR B
falsch	falsch	wahr
falsch	wahr	falsch
wahr	falsch	falsch
wahr	wahr	wahr

Man erhält in JavaScript dies Verhalten durch *A && B || !A && !B*.

Implikation
Bei der Implikation (bei Visual Basic *Imp*) erhält man nur dann als Resultat falsch, wenn A wahr und B falsch ist. Dies wird auch durch *wenn ..., so ...* ausgedrückt.

Aussagen		Ergebnis
A	**B**	**A IMP B**
falsch	falsch	wahr
falsch	wahr	wahr
wahr	falsch	falsch
wahr	wahr	wahr

Schreiben Sie dafür in JavaScript *!(A && !B)*.

Mit dem folgenden Programm können Sie die Wahrheitstabellen überprüfen und auch solche für eigene Ausdrücke erstellen.

```
// Bspl022.js

var a, b,ergebnis

document.write(
  "<PRE><BR>W A H R H E I T S T A B E L L E")
document.write("<BR>A\tB\tErgebnis")
a=0;b=0;ergebnis=!(a&&!b)
document.write("<BR>",a,"\t",b,"\t",ergebnis)
a=0;b=1;ergebnis=!(a&&!b)
document.write("<BR>",a,"\t",b,"\t",ergebnis)
a=1;b=0;ergebnis=!(a&&!b)
document.write("<BR>",a,"\t",b,"\t",ergebnis)
a=1;b=1;ergebnis=!(a&&!b)
document.write("<BR>",a,"\t",b,"\t",ergebnis)
document.write("<\/PRE>")
```

An den markierten Stellen müssen Sie den gewünschten logischen Ausdruck eintragen, damit sein Resultat der Variablen *ergebnis* zugewiesen wird.

Sie können dieses Programm verkürzen, indem Sie die Werte, die in den Markierungen jeweils den Variablen *a*, *b* und *ergebnis* zugewiesen werden, direkt bei den *write*-Anweisungen angeben. Bei Verwendung einer Funktionsdefinition (siehe Kapitel 3.3) lässt es sich weiter optimieren.

> *Hinweis*:
> JavaScript verfügt auch über logische Operatoren, die ihre Operanden bitweise logisch auswerten (siehe Kapitel 9.3). Diese eignen sich auch zum Verknüpfen logischer Werte.

4.6 Mehrfachverzweigungen

Eine weitere Kontrollstruktur, die JavaScript besitzt, ist die *switch*-Anweisung. Mit ihr kann eine Auswahl aus einer Vielzahl von Alternativen getroffen werden. Hinter dem *switch* folgt ein Testausdruck. Es wird dann der Fall aus einer *case*-Liste gesucht, der mit diesem Wert übereinstimmt. Ohne Übereinstimmung wird der optionale *default*-Zweig abgearbeitet.

Das folgende Programm setzt eine solche *switch*-Struktur ein, um die Tagesanzahl eines Monats zu ermitteln. Dabei testet es auch, ob es sich beim angegebenen Jahr um ein Schaltjahr handelt. Der entsprechende logische Ausdruck ist ein weiteres typisches Beispiel für JavaScript.

```
// Bspl023.js

var jahr,monat,tage,zwei=2

document.write("<BR>K a l e n d e r")
jahr = prompt("Bitte Jahr eingeben:",2000)
monat = parseInt(prompt("Bitte Monat eingeben:",8))

if (monat>=1 && monat <=12 && jahr > 1582) {          //(1)
  switch (monat) {                                    //(2)
    case 2:                                           //(3)
      if (!((jahr%100)%4) && (jahr%100)
            || !(jahr%400))                           //(4)
        tage = 29
      else
        tage = 28
      break                                           //(5)
    case 2*zwei:                                      //(6)
    case 6:
    case 9: case 11:                                  //(7)
```

```
         tage = 30
         break
      default:                                        //(8)
         tage = 31
   }
   document.write("<BR>",jahr," hat der Monat "
      ,monat," ",tage," Tage")
}
else
   document.write("<BR>Falsche Datumsangaben!")
```

(1) Seine eigentliche Aufgabe erledigt das Programm in diesem *if*-Block. Die Bedingung *monat>=1 && monat <=12 && jahr > 1582* sorgt dafür, dass nur mit korrekten Daten gearbeitet wird. Das bedeutet, dass nur Monatsangaben von 1 bis 12 und Jahreszahlen ab 1583 (Beginn des gregorianischen Kalenders) gültig sind.

(2) Dieser Programmteil zeigt Ihnen ein Beispiel für die Verwendung von *switch*. Die allgemeine Syntax für diese Anweisung sieht folgendermaßen aus:

▪ Hinter *switch* folgt in Klammern ein Ausdruck, in der einfachsten Form eine Variable. Dieser Wert steuert die Entscheidungsstruktur.

▪ Daran schließt sich der Block an, der durch geschweifte Klammern begrenzt wird und der die Anweisungen für alle möglichen Fälle enthält.

▪ Innerhalb dieses Blocks tritt das Schlüsselwort *case* beliebig oft auf. Jedem *case* folgt ein Ausdruck, dessen Wert mit einem der möglichen Werte des Ausdrucks hinter *switch* übereinstimmt.

▪ Wahlweise kann das Schlüsselwort *default* erscheinen, das angibt, was geschehen soll, wenn kein *case* zutrifft.

(3) Die *case*-Angaben werden üblicherweise gegenüber der *switch*-Anweisung eingerückt. Jedes *case* sollte einen anderen Wert angeben. Der Vergleich berücksichtigt die Typen. Hier wurde bei der Eingabe *parseInt* verwendet, um eine ganze Zahl zu speichern. Deshalb steht hinter *case* der Wert *2*. Ohne *parseInt* besteht die Eingabe aus einer Zeichenkette, und dann muss diese Zeile *case "2"*: lauten!

(4) Dies ist die Bedingung für ein Schaltjahr. Die Formulierung nutzt aus, dass JavaScript den Wert *0* als *falsch* und alles andere als *wahr* interpretiert. Wenn sich also die letzten zwei Stellen der Jahreszahl (*jahr%100*) durch 4 teilen lassen (*!((jahr%100)%4)*) UND das Jahr

sich nicht durch 100 teilen lässt (*jahr%100*) ODER es durch 400 teilbar ist (*!(jahr%400)*), dann wird die Bedingung wahr.

(5) Das *break* schließt in der Regel jeden Anweisungsblock für einen speziellen Fall ab. Ohne diese Direktive würde das Programm die folgenden Anweisungen ebenfalls ausführen.

(6) Beim *case* dürfen nicht nur konstante Werte, sondern auch Ausdrücke stehen. Variablen dürfen im Ausdruck verwendet werden. Diesem *case* folgt kein *break*, deshalb wird für den Fall, dass *monat* den Wert 4 hat, die nächste vorgefundene Anweisung ausgeführt, nämlich *tage = 30*. Mehrere *case*-Fälle ohne *break* haben daher die gleiche Wirkung wie eine *ODER*-Verknüpfung.

(7) Weil JavaScript eine formatfreie Sprache ist, können auch die *case*-Angaben beliebig geschrieben werden. Üblich ist jedoch, sie entweder als eigene Zeile oder wie hier hintereinander zu schreiben.

(8) Dem Schlüsselwort *default* folgen die Anweisungen, die für die Fälle ausgeführt werden sollen, für die kein spezielles *case* vorgesehen ist. Da dieser Block meistens am Ende der Struktur steht, ist ein abschließendes *break* überflüssig.

Sehen Sie sich diesen Programmteil noch einmal Schritt für Schritt an. Als Beispiel soll angenommen werden, dass die Zahl 4 als Wert für die Variable *monat* eingegeben wurde. Durch *switch(monat)* wird der Rechner jetzt angewiesen, ein *case* zu suchen, hinter dem der Wert 4 steht. Dieses *case* wird bei *2*zwei* gefunden, denn *zwei* enthält den Wert 2, und das Programm macht ab dieser Stelle weiter. In unserem Beispiel wird also *tage = 30* ausgeführt.

Die darauf folgende Anweisung *break* sorgt dafür, dass das Programm den *switch*-Block verlässt und hinter der schließenden geschweiften Klammer weitermacht. Die *break*-Anweisung ist nötig, da ein *case* nur als Startpunkt für die weitere Programmausführung dient. Wenn das *break* fehlt, wird auch noch *tage = 31* ausgeführt. Ein vergessenes *break* ist die häufigste Fehlerquelle in der *switch*-Anweisung!

Im nächsten Programm können Sie Dezimalzahlen eingeben und bestimmen, wie diese Zahlen dargestellt werden sollen. Sie haben die Wahl zwischen den Zahlensystemen oktal und hexadezimal, oder Sie lassen die Zeichen zu den dezimalen Codenummern 0 bis 255 darstellen.

```
// Bsp1024.js

var eingabe, zahl

eingabe = prompt(
    "Waehlen Sie (O)ktal, (H)ex oder (C)ode","C")
zahl = parseInt(prompt("Dezimalzahl eingeben:"
                       ,0))                        //(1)
switch (eingabe) {
  case "o": case "O":                              //(2)
    document.write("<BR>Dezimal ",zahl,
       " = Oktal ",zahl.toString(8))               //(3)
    break
  case "h": case "H":
    document.write("<BR>Dezimal ",zahl,
       " = Hexadecimal ",zahl.toString(16))
    break
  case "c": case "C":
    if(zahl <= 255)
      document.write("<BR>Code ",zahl,
         " entspricht ",
         unescape("%"+zahl.toString(16)))          //(4)
    else
      document.write("<BR>Zahl ist zu gro&szlig;!");
    break                                          //(5)
}
```

(1) Damit wirklich ein numerischer ganzzahliger Wert vorliegt, muss hier *parseInt* eingesetzt werden. Sonst funktioniert die Umwandlung in andere Zahlensysteme (siehe (3)) nicht.

(2) Wird von der *switch*-Struktur keine Zahl, sondern eine Zeichenkette untersucht, müssen die Werte in Anführungszeichen oder Apostrophe gesetzt werden. Bei *case O* würde *O* als Variable angesehen und nicht als Zeichen, was obendrein eine unzulässige Angabe wäre.

(3) Variablen sind ebenfalls Objekte. Eine ihrer Methoden ist *toString*. Diese wird automatisch intern aufgerufen, wenn Zahlen als Zeichenketten dargestellt werden sollen, und führt zu einer dezimalen Anzeige. Soll ein anderes Zahlensystem verwendet werden, dann muss man die Methode *toString* explizit mit der gewünschten Basis, das heißt 2 für Dual-, 8 für Oktal- und 16 für Hexadezimalzahlen, als Parameter aufrufen.

(4) Um das dem eingegebenen Code korrespondierende Zeichen anzu-zeigen, wird die Funktion *unescape* verwendet. Diese Funktion ist das Gegenstück zu *escape*. Beide Funktionen dienen dazu, eine Zei-chenkette so zu «verschlüsseln», dass sie als URL (Uniform Resource Locator) beispielsweise für Suchmaschinen benutzt werden kann. So liefert *escape("Erlenkötter JavaScript")* den Text *Erlenk%F6tter% 20JavaScript*. In URLs unzulässige Zeichen werden dabei in hexade-zimalen ASCII-Code umgewandelt und in der Form *%HH* angezeigt. Mittels *unescape* kann deshalb hier das zu einer solchen Darstellung gehörige Zeichen erzeugt werden.

(5) Dieses letzte *break* ist eigentlich überflüssig und kann auch wegge-lassen werden. Wer will, kann hier jedoch direkt einen sinnvollen *default*-Block anfügen.

4.7 Zusammenfassung

▓ Die *if*-Anweisung führt einen Programmblock nur dann aus, wenn die zugehörige Bedingung wahr ist, ansonsten wird das Programm hinter dem Ende des Blocks fortgesetzt. Das *if* kann durch einen *else*-Zweig ergänzt werden.

▓ Für die logischen Operatoren *UND*, *ODER* und *NICHT* verwendet Ja-vaScript die Symbole &&, || und !.

▓ JavaScript interpretiert 0 als *falsch* und alle anderen Werte als *wahr*.

▓ Die *switch*-Anweisung erlaubt die Auswahl aus mehreren Alternati-ven. Sie wird häufig dann eingesetzt, wenn eine gleichwertige *if*-Konstruktion mehr als drei *if*-Anweisungen enthielte und somit unübersichtlich würde.

▓ *switch* ist beim Vergleich im *case* auf Gleichheit beschränkt.

4.8 Übungen

Aufgabe 12

Schreiben Sie eine Funktion, die einen numerischen Wert potenziert. Die Definition der Funktion soll so beginnen:

```
function hoch(wert, potenz) {
...
```

Wird als Potenz 0 angegeben, soll der Wert 1, wird als Potenz ein negativer Wert angegeben, soll der Fehlerwert −1 zurückgeliefert werden. Ansonsten wird nach der Formel *Funktionsrückgabe = wert hoch potenz* gerechnet.

Aufgabe 13

Welche Aufgabe hat die folgende Funktion?

```
// Aufg013.js

function umlaut(zeichen) {
  switch(zeichen) {
    case "ä":
    case "Ä":
    case "ö":
    case "Ö":
    case "ü":
    case "Ü":
      return true
    default:
      return false
  }
}
```

Aufgabe 14

Überlegen Sie, was das Programm tut, und ergänzen Sie die beiden *write*-Anweisungen in sinnvoller Weise.

```
// Aufg014.js

var bstb

bstb = prompt(
      "Buchstabe eingeben:\n(Keine Umlaute)","x")
if(bstb < "A" || bstb > "z" ||
      bstb > "Z" && bstb < "a")
  document.write("<BR>Das ist kein Buchstabe !")
```

```
else if(bstb >= "A" && bstb <= "Z")
  document.write("<BR>Sie haben ... eingegeben.")
else
  document.write("<BR>Sie haben ... eingegeben.")
```

Aufgabe 15

Schreiben Sie ein Programm, das eine Temperatur abfragt und danach anzeigt, ob Wasser verdampft, flüssig bleibt oder gefriert.

Aufgabe 16

Das folgende Programm rechnet Temperaturen von °C in andere Einheiten um. Warum arbeitet es nicht korrekt?

```
// Aufg016.js

var temperatur
var option
document.write(
  "<BR>T E M P E R A T U R R E C H N E R<BR>")
option = prompt("1 Fahrenheit\t2 Reaumur\t3 Kelvin"
        +"\n4 Rankine\t0 Ende\t\tAuswahl:",1)
switch (option) {
  case 0:
    break
  case 1: case 2: case 3: case 4:
    temperatur = prompt(
        "Bitte Grad Celsius eingeben:",0)
    if (temperatur >= -273.15)
      switch (option) {
        case 1:
          document.write("<BR>",temperatur,
              " °C sind ",
              9.0/5.0*temperatur+32.0,
              " °F")
        case 2:
          document.write("<BR>",temperatur,
              " °C sind ",
              4.0/5.0*temperatur,
              " °R")
        case 3:
```

```
            document.write("<BR>",temperatur,
                " °C sind ",
                temperatur+273.15,
                " K")
        case 4:
          document.write("<BR>",temperatur,
              " °C sind ",
              9.0/5.0*(temperatur+273.15),
              " °Rank")
          }
    else
      document.write(
        "<BR>Diese Temperatur gibt es nicht!")
    default:
      document.write("
        <BR>Ung&uuml;ltige Option")
}
```

5 Wiederholungen

Stellen Sie sich einmal vor, Sie hätten die Aufgabe, Programme zur Summenbildung zu schreiben. Für jede Zahleneingabe enthielte das Programm eine eigene Zeile. Bei vielleicht drei einzugebenden Zahlen mag das noch angehen. Was aber, wenn hundert oder tausend Zahlen addiert werden sollen? Die Lösung für dieses Problem bieten so genannte Programmschleifen, auch Wiederholungsstrukturen bzw. Iterationen genannt. Bei diesen Schleifen läuft das Programm nicht wie bisher von oben nach unten durch, sondern springt zurück und wiederholt einen bestimmten Programmteil mehrmals.

5.1 Zählschleifen

Ein einfacher Schleifentyp ist die so genannte Zählschleife. Sie trägt diesen Namen, weil das Programm zuerst die Anzahl der notwendigen Wiederholungen ermittelt und dann mitzählt, ob die gewünschte Anzahl von Durchläufen erreicht worden ist.

5.1.1 Einfache Schleifen

In Programm *Bspl025.js* lernen Sie eine Zählschleife kennen. Seine Aufgabe besteht darin, eine bestimmte Anzahl von Zahlen über die Tastatur einzulesen. Die Summe der Zahlen soll berechnet und zusammen mit dem Mittelwert ausgegeben werden.

```
// Bspl025.js

var x,anzahl                                      //(1)
var zahl,summe=0,mittelw
```

```
document.write("<BR>S t a t i s t i k<BR>")
anzahl = prompt("Wie viel Werte wollen Sie eingeben:"
       ,0)
for(x=1; x<=anzahl; x=x+1) {                         //(2)
  zahl = prompt(
    "Bitte "+x+". Zahl eingeben:",0)                 //(3)
  summe=summe+parseFloat(zahl)
  document.write("<BR>",zahl)
}                                                    //(4)
mittelw=summe/anzahl
document.write("<BR><BR>Summe der Zahlen = ",
            summe)
document.write("<BR>Mittelwert der Zahlen = ",
            mittelw)
```

Ein beispielhaftes Programmergebnis sieht folgendermaßen aus:

```
Statistik

12
15
7

Summe der Zahlen = 34
Mittelwert der Zahlen = 11.333333333333334
```

(1) Damit das Programm seine Wiederholungsläufe mitzählen kann, benötigt es eine so genannte Zählvariable, hier *x*.

(2) In unserem Beispiel wollen Sie nacheinander drei Zahlen eingeben. Da in den folgenden Zeilen jeweils eine Zahl eingelesen und die Summe gebildet wird, muss dieser Programmteil auch dreimal durchlaufen werden. Das Programm muss also wissen, was zu wiederholen ist und wie oft das zu geschehen hat. In JavaScript, wie auch in anderen Sprachen, muss dieser zu wiederholende Anweisungsblock eingeklammert werden. Das geschieht mit den geschweiften Klammern, BASIC-Programmierer benutzen statt dessen die Anweisung *for...next*. Jetzt wird nur noch festgelegt, wie oft zu wiederholen ist. Das besorgt die Anweisung *for* in dieser Zeile. Was sie macht, wird gleich genau erläutert.

(3) Durch diese *prompt*-Anweisung wird immer die Nummer der einzu-

gebenden Zahl mit angezeigt. Sie ist identisch mit der Nummer des Schleifendurchlaufs, deshalb wird dafür die Zählvariable *x* benutzt.

(4) Hier wird durch die schließende geschweifte Klammer das Schleifenende gekennzeichnet und damit das Ende des zu wiederholenden Programmteils.

Sehen Sie sich nun die Anweisung *for(x=1; x<=anzahl; x=x+1)* einmal etwas genauer an. Sie steuert den gesamten Ablauf.

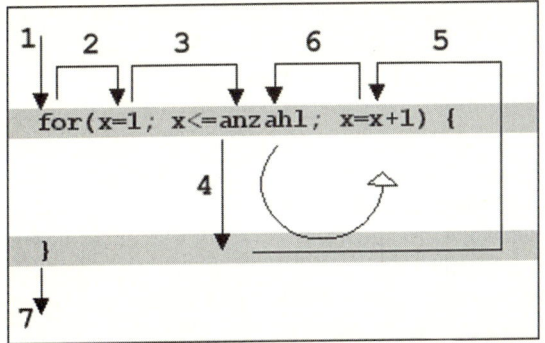

1. Das Programm arbeitet zunächst sequentiell und erreicht dann die *for*-Anweisung.
2. Als Nächstes wird die Zuweisung *x=1* ausgeführt. Damit das Programm feststellen kann, wie viele Durchläufe bereits stattgefunden haben, wird eine Variable benutzt, die jeden Schleifendurchlauf mitzählt. Der Ausdruck *x=1* setzt diese Zählvariable auf einen Startwert (hier der Wert 1).
3. Daraufhin wird der nächste Ausdruck *x<=anzahl* ausgewertet. Er entscheidet, ob die Schleife zu durchlaufen ist. Diese Entscheidung wird so lange mit *ja* beantwortet, wie in unserem Beispiel *x* kleiner oder gleich (<=) *anzahl* ist. Durch *anzahl* wird also der Maximalwert der Zählvariablen festgelegt.
4. Nach jeder erfolgten positiven Auswertung der Bedingung wird der eigentliche Schleifenkörper, das heißt die zu wiederholenden Anweisungen, durchlaufen.
5. Nach der schließenden geschweiften Klammer wird immer die dritte Anweisung des *for*-Ausdrucks ausgeführt. Die Zuweisung *x=x+1* sorgt dafür, dass nach jedem Schleifendurchlauf der Wert der Zähl-

variablen x um 1 erhöht wird. Die Zählvariable muss jedoch nicht immer um 1 hochgezählt werden; man kann beliebige Zählintervalle verwenden, um rauf- oder runterzuzählen!

6. Anschließend wird wieder die Bedingung überprüft. Solange sie wahr ist, wiederholen sich die Schritte 4 – 6. Die Differenz aus Maximal- und Startwert und das Zählintervall bestimmen die Anzahl der Durchläufe.

7. Ist *x<=anzahl* schließlich nicht mehr erfüllt, wird das Programm hinter der schließenden geschweiften Klammer fortgeführt.

Die *for*-Schleife wird typischerweise dann eingesetzt, wenn zu Beginn einer Schleife bekannt ist, wie oft sie ausgeführt werden soll.

Die Anweisung *prompt("Bitte "+x+". Zahl eingeben:",0)* zeigt die Eingabeaufforderungen am Bildschirm an. Das Programm macht sich dabei zunutze, dass die Laufvariable x die Werte von 1 bis 3 annimmt, um damit dem Benutzer anzuzeigen, die wievielte Zahl er gerade eingibt. Es liegt nun am Programmierer, welchen Start- und Endwert er für die *for*-Schleife wählt. Bei geschickter Auswahl der Laufvariablen kann man sich einiges an Arbeit ersparen. Betrachten Sie dazu folgendes Beispiel: Angenommen, Sie wollen Umsatzzahlen für die Jahre 1994 bis 1999 verarbeiten. Sie müssen dann insgesamt sechs Werte einlesen. Damit Sie sofort sehen, welches Jahr gerade einzugeben ist, soll das Programm die entsprechende Jahreszahl ausdrucken. Die zugehörige Programmschleife sieht dann so aus:

```
for (x = 1994; x < 2000; x=x+1) {
    umsatz = prompt("Umsatz für "+x+:")
    gesamtumsatz = gesamtumsatz + parseFloat(umsatz)
}
```

Sie sehen, dass es nicht auf die Werte der Zählvariablen selbst, sondern auf die Differenz von Start- und Endwert und natürlich auch auf das Zählintervall ankommt. Ein Programmteil, der für alle Fußballweltmeisterschaften von 1950 bis 1998 wiederholt werden soll, benutzt sinnvollerweise die folgende *for*-Anweisung.

```
for (x = 1950; x <= 1998; x=x+4)
```

Aufgabe 17

Geben Sie für die folgenden *for*-Schleifen an, wie oft sie durchlaufen werden und welche Werte die Zählvariable dabei annimmt.

a) for (zaehler = 0; zaehler != 10; zaehler=zaehler+1)

b) for (n=10; n>0; n=n-1)

c) for (x=1; x<=15; x=x+3)

d) for (anfang=0; anfang<3; anfang=anfang+0.5)

e) for (i=10; i<0; i=i+2)

5.1.2 Geschachtelte Schleifen

Das nächste Programm hat die Aufgabe, das kleine Einmaleins in tabellarischer Form zu erzeugen:

```
 1   2   3   4   5   6   7   8   9  10
 2   4   6   8  10  12  14  16  18  20
 3   6   9  12  15  18  21  24  27  30
 4   8  12  16  20  24  28  32  36  40
 5  10  15  20  25  30  35  40  45  50
 6  12  18  24  30  36  42  48  54  60
 7  14  21  28  35  42  49  56  63  70
 8  16  24  32  40  48  56  64  72  80
 9  18  27  36  45  54  63  72  81  90
10  20  30  40  50  60  70  80  90 100
```

Bevor Sie das Programm eingeben, erst ein paar Vorüberlegungen: Für diese Tabelle müssen insgesamt hundert Zahlen gedruckt werden. Das lässt vermuten, dass eine Schleife sinnvoll wäre. Die Tabelle ist aber aus zehn Zeilen mit jeweils zehn Spalten aufgebaut. Mit anderen Worten, es müssen insgesamt zehn Zeilen gedruckt werden und in jeder Zeile wiederum zehn Zahlen. In diesem Fall bietet sich eine geschachtelte Schleife zur Erzeugung der Tabelle an.

```
// Bsp1026.js

var x,y

document.write("<PRE>")
for(x=1; x<=10; x=x+1) { // äußere Schleife          //(1)
```

```
    document.write("<BR>")
    for(y=1; y<=10; y=y+1) // innere Schl.          //(2)
        document.write("\t"+x*y)                    //(3)
}
document.write("<\/PRE>")
```

(1) Wenn das Programm das erste Mal diese Zeile erreicht, wird die Variable *x* auf 1 gesetzt. Dann erfolgt in der nächsten *write*-Anweisung der Zeilenvorschub.

(2) Jetzt ist das Programm hier angekommen und führt die innere Schleife zehnmal aus. Es werden also zehn Zahlen in dieser Zeile gedruckt. Weil nur eine einzige Anweisung zu wiederholen ist, dürfen auch hier, wie bei der *if*-Anweisung, die geschweiften Klammern fehlen. Nach Beendigung der inneren Schleife springt das Programm wieder in die äußere Schleife zurück, zählt die Variable *x* auf 2 hoch und läuft wieder in die innere Schleife, wo die nächsten zehn Zahlen gedruckt werden. Versuchen Sie jetzt, das Programm Schritt für Schritt nachzuvollziehen.

(3) Die Angabe \t in dieser Zeile legt fest, dass jede zu druckende Zahl um eine Tabulation eingerückt wird. Durch das vorangegangene *PRE*-Tag wird diese Formatierung beibehalten. Auf diese Art können Zahlen etwas ausgerichtet werden.

Aufgabe 18

Wie oft wird der Text "Hallo Welt" gedruckt?

```
...
for (x = 1; x < 6; x = x + 1) {
    for (y = 2; y <= 4; y = y + 1) {
        document.write("<BR>Hallo Welt!")
    }
}
...
```

Die Zahl der Schleifen, die geschachtelt werden können, ist fast beliebig groß. Es kommt jedoch selten vor, dass die Schachtelungstiefe vier Ebenen übersteigt.

> *Hinweis:*
> Die Schreibweise *for(;;)* erzeugt eine Endlosschleife!

5.2 Schleifen für Objekteigenschaften

Für den Sonderfall, dass eine Reihe von Anweisungen für jede Eigenschaft bzw. jedes Element eines Objektes wiederholt werden soll, steht eine besondere Schleifenform zur Verfügung. Wie Sie jedoch sehen werden, liefern die Browser je nach bearbeitetem Objekt nicht immer zufrieden stellende Ergebnisse.
Betrachten Sie dazu einmal das folgende Beispiel.

```
// Bspl027.js

var x=0,s="hallo"                               //(1)

document.write("<BR>--- s ---")
for(var i in s) {                               //(2)
   x++                                          //(3)
}
document.write("<BR>s hat ",x," Zeichen")       //(4)
document.write("<BR>--- screen ---")
for(var i in screen) {                          //(5)
   document.write("<BR>screen.",i," = "
      ,eval("screen."+i))                       //(6)
}
document.write("<BR>--- navigator ---")
for(var i in navigator) {                       //(7)
   document.write("<BR>navigator.",i," = "
      ,eval("navigator."+i))
}
```

(1) Zwei Variablen werden definiert: *x* dient als Zählvariable und *s* als Zeichenkettenobjekt.
(2) Hier beginnt der besondere Schleifentyp. Wie bei einer Zählschleife lautet das Schlüsselwort *for*, dem in runden Klammern die Schleifensteuerung folgt. Durch Verwendung des gleichen Schlüsselwor-

tes wird die Verwandtschaft zur Zählschleife deutlich, denn auch hier kann das Programm vorher intern die Anzahl der Schleifendurchläufe ermitteln. Die Schleifensteuerung hat hier grundsätzlich den Aufbau (*variable* **in** *objekt*). Statt die Variable jetzt am Anfang des Programms zu definieren, geschieht dies erst hier in der Klammer. Das ist eine oft praktizierte Vorgehensweise, wenn Variablen nur für Schleifen eingesetzt werden. Sie sind dadurch aber nicht auf diese beschränkt. Die Anzahl der Schleifendurchläufe wird nun von der Anzahl der Eigenschaften bzw. Elemente des angegebenen Objektes bestimmt. Bei jedem Durchlauf wird der hier definierten Variable i der Name der Eigenschaft zugewiesen. Das bedeutet, dass diese Schleife so oft wiederholt wird, wie s Zeichen hat, wobei als *Name* eines Zeichens seine Nummer und nicht das Zeichen selbst in i zu finden ist.

(3) Hier wird bei jedem Durchlauf nur die Zählvariable mittels Inkrementoperator hochgezählt.

(4) Nachdem alle Elemente verarbeitet sind, kann also die Gesamtzahl der vorhandenen Zeichen angezeigt werden.

(5) Hier soll eine Schleife über alle Eigenschaften des Objektes *screen* iterieren. In i steht dabei jeweils der Name der Eigenschaft.

(6) Es sollen sowohl der Name als auch der Wert der jeweiligen Eigenschaft angezeigt werden. Den Namen, also den Inhalt von i, auszugeben ist nicht sonderlich schwer. Dazu wird nur die Variable beim *write* angegeben. Anders sieht dies jedoch aus, wenn der Wert ermittelt werden soll. Hier liegt das eigentliche Aufgabenfeld der Funktion *eval*. In ihrem Parameter wird der festzustellende Ausdruck als Zeichenkette aufgebaut. Durch ihren Aufruf wird dann der zugehörige Wert festgestellt und zurückgegeben.

(7) Es folgt eine weitere Schleife für das Objekt *navigator*.

Die folgende Abbildung zeigt ein Beispieldokument dieses Skripts.

```
--- s ---
s hat 5 Zeichen
--- screen ---
screen.width = 800
screen.height = 600
screen.pixelDepth = 32
screen.colorDepth = 32
screen.availWidth = 800
screen.availHeight = 572
screen.availLeft = 0
screen.availTop = 0
--- navigator ---
navigator.userAgent = Mozilla/4.51 [de]C-CCK-MCD DT (Win95; I)
navigator.appCodeName = Mozilla
navigator.appVersion = 4.51 [de]C-CCK-MCD DT (Win95; I)
navigator.appName = Netscape Communicator von T-Online
navigator.language = de
navigator.platform = Win32
navigator.securityPolicy = Export policy
navigator.plugins = [object PluginArray]
navigator.mimeTypes = [object MimeTypeArray]
```

Je nach verwendetem Browser werden Sie jedoch feststellen, dass die Anzeige unvollständig ist. So scheint der Internet Explorer (bis Version 5.0) die Zeichenkettenobjekte und das *screen*-Objekt anders zu implementieren, denn bei ihnen findet keine Iteration statt. Die Schleifen werden also direkt übersprungen. Aus diesem Grunde ist also Vorsicht beim Einsatz dieses Schleifentyps geboten. Obwohl es grundsätzlich ratsam ist, sollten Sie solche Programme unbedingt mit den verschiedenen Browsern testen.

5.3 Bedingungsschleifen

Wenn vor einer Schleife nicht ermittelt werden kann, wie oft sie durchlaufen wird, dann muss eine so genannte Bedingungsschleife eingesetzt werden.

5.3.1 Die while-Schleife

Die *while*-Schleife ist die in JavaScript wahrscheinlich am häufigsten verwendete Schleife. Ein Beispiel dafür sehen Sie im nächsten Programm. Für eine beliebige Anzahl von Zahlen soll das Quadrat berechnet und gedruckt werden. Die Eingabeserie wird durch Eingabe von 0 beendet.

```javascript
// Bsp1028.js

var zahl

zahl = parseInt(prompt("Zahl eingeben\n(0 = Ende)"
        ,0))
while(zahl != 0) {                                   //(1)
    document.write("<BR>",zahl,"<SUP>2<\/SUP> = "
        ,zahl*zahl)
    zahl = parseInt(prompt("Zahl eingeben\n(0 = Ende)"
        ,0))
}
```

Wie bei der *for*-Schleife haben Sie auch hier einen Schleifenrumpf, in dem die zu wiederholenden Programmteile stehen, und eine Anweisung, die entscheidet, ob der Rumpf durchlaufen werden soll. Anders als bei der *for*-Schleife wird aber nicht die Anzahl der Durchläufe gezählt, sondern eine mehr oder weniger komplexe Bedingung legt fest, ob weitergemacht oder abgebrochen werden soll.

(1) Die Anweisung *while(zahl != 0)* lässt sich mit *solange die Variable zahl ungleich 0 ist* übersetzen, und wenn dieser Vergleich wahr ergibt, wird der Schleifenrumpf abgearbeitet. Andernfalls fährt das Programm hinter der Schleife fort. Die zu wiederholenden Anweisungen werden auch hier von geschweiften Klammern eingeschlossen. Damit sie wenigstens einmal durchlaufen werden, muss die Bedingung in den Klammern hinter *while* anfangs wahr sein, ansonsten wird die Schleife übersprungen.

Die in der nächsten Abbildung gezeigte Darstellung erhalten Sie, wenn nacheinander 12, 23, 5, 14, 2, 1, 16, 9, 13 und 0 eingegeben werden.

```
12² = 144
23² = 529
5² = 25
14² = 196
2² = 4
1² = 1
16² = 256
9² = 81
13² = 169
```

Damit eine *while*-Schleife korrekt arbeitet, müssen Sie drei Punkte genau beachten:

- Initialisierung: Bevor die *while*-Anweisung das erste Mal ausgewertet wird, müssen die Variablen der Bedingung einen definierten Wert erhalten. Dafür sorgt im Beispiel die vorherige *prompt*-Anweisung zusammen mit dem *parseInt*.
- Bedingung: Bei der Formulierung der Schleifenbedingung ist darauf zu achten, dass sie zunächst wahr ist, damit die Schleife auch tatsächlich durchlaufen wird.
- Änderung: Innerhalb der Schleife müssen Anweisungen dafür sorgen, dass die Schleifenbedingung irgendwann falsch wird. Dies ermöglicht in *Bspl028.js* die erneute *prompt*-Anweisung.

Bei der *while*-Schleife tragen Sie selbst die Verantwortung dafür, dass die Schleife richtig abgebrochen wird. Es ist ein häufiger Fehler, dass die Veränderung der Schleifenvariablen vergessen wird. Das ergibt dann eine der ärgerlichen Endlosschleifen.

Die Schleifensteuerung mittels *while* wird typischerweise dann eingesetzt, wenn zu Beginn einer Schleife noch nicht bekannt ist, wie oft sie durchlaufen werden soll. Ein weiteres Anwendungsbeispiel finden Sie im nächsten Programm. Es soll die Gesamtfläche einer Wohnung berechnen. Außerdem sollen die Anzahl der Räume und die durchschnittliche Raumgröße ausgegeben werden.

```
// Bsp1029.js

var flaeche,gesamt=0
var anzahl=0

document.write("Berechnung der Wohnflaeche");
flaeche = parseFloat(prompt(
    "Zimmergroesse in qm\n(Beenden mit '0')"
    ,0))
while(flaeche > 0.0) {                            //(1)
  gesamt = gesamt + flaeche
  anzahl++
  flaeche = parseFloat(prompt(
      "Zimmergroesse in qm\n(Beenden mit '0')"
      ,0))
}
document.write("<BR>Anzahl der Zimmer: ",anzahl)
document.write("<BR>Gesamtflaeche: ",gesamt," qm")
document.write("<BR>Durchschnittl. Zimmergroesse: ")
document.write(gesamt/anzahl," qm")
```

(1) Die Laufbedingung *while(flaeche > 0.0)* ist willkürlich gewählt. Sie hätten ebenso gut bestimmen können, dass der Wert 0 oder der Wert 9999 die Schleife beendet. Sie sollten jedoch eine möglichst logische Bedingung nehmen, das heißt Werte, die als normale Eingabe nicht sinnvoll sind. Im Programm selbst sollte aber immer ein Hinweis gegeben werden, wie die Schleife zu beenden ist.

5.3.2 Die do-Schleife

Die *do*-Schleife ist eng mit der *while*-Schleife verwandt. Der Unterschied besteht im Zeitpunkt der Prüfung, ob weitergemacht werden soll oder nicht. Bei *do* findet diese Prüfung am Ende der Schleife statt; die Schleife wird also auf jeden Fall einmal durchlaufen, während es bei der *while*-Schleife vorkommen kann, dass sie überhaupt nicht verarbeitet wird, da die Prüfung hier zu Beginn erfolgt.

Das folgende Programm demonstriert den Einsatz der *do*-Schleife.

```
// Bspl030.js

var eingabe

do {                                          //(1)
    eingabe = prompt("Zahl bis max. 100:",200)
} while(eingabe > 100)                        //(2)
document.write("<BR>Ihre Zahl war ",eingabe)
```

(1) Die Schleife wird durch das Schlüsselwort *do* eingeleitet. Ihm folgt der Anweisungsblock, der durch geschweifte Klammern begrenzt wird.

(2) Am Schluss steht die Bedingung zur Fortführung der Schleife: *while(eingabe > 100)*. Die Schleife wird hier so lange wiederholt, bis der Anwender der Eingabeaufforderung folgt und eine Zahl eingibt, die kleiner oder gleich 100 ist.

Die *do*-Schleife wird seltener eingesetzt als die *while*-Schleife. Sie wird hauptsächlich dann benutzt, wenn auf jeden Fall eine Eingabe erfolgen soll, wie es zum Beispiel bei Programmdialogen oder Auswahlmenüs vorkommt. Dabei muss der Benutzer eine Option auswählen und wird daher so lange in der Schleife gehalten, bis eine gültige Wahl getroffen wurde.

5.4 Schleifen aussetzen

Innerhalb von Schleifen sind auch Sprünge möglich. Dabei gibt es zwei Varianten:

- Die Schleife wird abgebrochen, und die ihr folgenden Anweisungen werden ausgeführt.
- Die Schleife wird unterbrochen, wobei ihre restlichen Anweisungen übersprungen werden, und der nächste Durchlauf beginnt.

Den ersten Fall demonstriert das Programm *Bspl031.js*. Es hat die gleiche Aufgabe wie *Bspl030.js*, benutzt jedoch eine andere Steuerungslogik. Sie erkennen daran auch, dass das gleiche Problem oft mit verschiedenen Schleifen gelöst werden kann.

```
// Bspl031.js

var eingabe

while(true) {                                    //(1)
  eingabe = prompt("Zahl bis max. 100:",200)
  if (eingabe <= 100)
    break                                        //(2)
}
document.write("<BR>Ihre Zahl war ",eingabe)
```

(1) Durch *while (true)* wird eine Endlosschleife definiert. Derartige Schleifen müssen natürlich irgendwie abgebrochen werden können.

(2) Dies erreicht man durch eine *break*-Anweisung. Sie wird nicht nur beim *switch* verwendet, sondern dient bei allen Schleifen dazu, ihren Anweisungsblock zu verlassen. Das Programm prüft bei jedem Schleifendurchlauf, ob der eingegebene Wert kleiner oder gleich 100 ist, und fährt danach beim *write* fort.

Eine anderes Verhalten zeigt das nächste Programm. Hier enthält die Schleife eine Anweisung, die nicht bei jedem Durchlauf ausgeführt werden soll. In solchen Fällen bietet die Anweisung *continue* die Möglichkeit, sofort einen neuen Durchlauf der Schleife zu beginnen, ohne die restlichen Anweisungen auszuführen.

Das Programm listet die Jahreszahlen von 1950 bis 2000 auf und fügt den Schaltjahren einen Hinweis hinzu.

```
// Bspl032.js

for (var jahr=1950;jahr <=2000;jahr++) {         //(1)
  document.write("<BR>",jahr)
  if ((jahr%4))
    continue                                     //(2)
  document.write(" = Schaltjahr")
}
```

Die Anzeige sieht auszugsweise folgendermaßen aus:

```
1990
1991
1992 = Schaltjahr
1993
1994
1995
1996 = Schaltjahr
1997
1998
1999
2000 = Schaltjahr
```

(1) Auch hier kann der Inkrementoperator eingesetzt werden. Diese Schreibweise ist auch üblich und besser als *jahr = jahr +1*.

(2) Immer wenn sich das Jahr glatt durch 4 teilen lässt (*jahr%4*) wird die Bedingung falsch (=0), und *continue* wird nicht ausgeführt. Ansonsten sorgt es dafür, dass das Programm alle restlichen Anweisungen der Schleife überspringt und den nächsten Durchlauf startet. Bei der *for*-Schleife hier wird also der Zähler *jahr* erhöht und die Bedingung erneut getestet. Bei *while*- und *do*-Schleifen ist jedoch Vorsicht geboten. Werden bei ihnen durch *continue* genau die Anweisungen übersprungen, die die Schleifenbedingung ändern, dann ist das Resultat eine Endlosschleife.

Sowohl *break* als auch *continue* können ebenfalls in verschachtelten Schleifen eingesetzt werden. Sie verändern dann jedoch nur den Ablauf der Schleife, in deren Ebene sie vorkommen. Sie können keine verschachtelten Schleifen komplett abbrechen oder neu starten.

Das folgende Programm hat die Aufgabe, den Restwert von Wirtschaftsgütern für einen Abschreibungszeitraum von 4, 6 und 8 Jahren zu berechnen. Für die Tabelle wird, ähnlich wie bei *Bspl026.js*, eine verschachtelte Schleife benutzt.

```
// Bspl033.js

var preis,rest

document.write(
      "<PRE>R e s t w e r t t a b e l l e<BR>")
preis = parseFloat(prompt("Neupreis in DM:",0))
document.write("<BR>A F A - Z e i t r a u m")
```

```
document.write("<BR>Jahr\t8 Jahre\t6 Jahre\t4 Jahre")
for(var x=1; x<=8; x++) { // äußere Schleife
  document.write("<BR>",x)
  for(var y=8; y>=4; y-=2) {//innere Schl.
    rest = preis - x*preis/y
    if (rest < 0)
      break                                        //(1)
    document.write("\t"
      ,Math.round(rest*100)/100)                   //(2)
  }
}
```

Das Beispiel liefert Tabellen, die für einen Neupreis von 1000 beispielsweise so aussehen:

```
R e s t w e r t t a b e l l e
A F A - Z e i t r a u m
Jahr    8 Jahre 6 Jahre 4 Jahre
1       875     833.33  750
2       750     666.67  500
3       625     500     250
4       500     333.33  0
5       375     166.67
6       250     0
7       125
8       0
```

(1) Die innere Schleife erzeugt auch hier die einzelnen Zeilen der letzten 3 Spalten. Sie sind so angelegt, dass aufgrund des kürzeren Abschreibungszeitraumes die Werte immer kleiner werden. Sobald sie kleiner als 0 sind, sollen sie nicht mehr angezeigt werden. Dies bewirkt hier das *break*. Es bricht nur die innere Schleife ab, das heißt, eine neue Zeile wird sofort begonnen.

(2) Damit höchstens zwei Nachkommastellen angezeigt werden, wird das Ergebnis gerundet. Dies kann man mit dem Methodenaufruf *Math.round* erreichen. Weil dadurch aber grundsätzlich auf ganze Zahlen gerundet wird, muss man sich eines Tricks bedienen. Durch die Multiplikation mit 100 wird vor dem Runden das Komma 2 Stellen nach rechts und nach dem Runden durch die Division durch 100 wieder 2 Stellen nach links geschoben.

Wenn ein Programm unbedingt alle oder mehrere verschachtelte Schleifen beenden muss, dann hilft eine andere Version von *break* bzw. *continue*.

Das folgende Programm liefert das gleiche Ergebnis wie *Bspl033.js*. Statt jedoch die innere Schleife abzubrechen, startet es für die äußere Schleife einen neuen Durchlauf. Weil diese nach der inneren Schleife jedoch keine Anweisungen mehr enthält, läuft dies eben auf das Gleiche hinaus.

```
// Bspl034.js

var preis,rest

document.write(
    "<PRE>R e s t w e r t t a b e l l e<BR>")
preis = parseFloat(prompt("Neupreis in DM:",0))
document.write("<BR>A F A - Z e i t r a u m")
document.write("<BR>Jahr\t8 Jahre\t6 Jahre\t4 Jahre")
jahr:                                          //(1)
for(var x=1; x<=8; x++) { // äußere Schleife
  document.write("<BR>",x)
  for(var y=8; y>=4; y-=2) { // innere Schl.
    rest = preis - x*preis/y
    if (rest < 0)
      continue jahr                            //(2)
    document.write("\t"
      ,Math.round(rest*100)/100)
  }
}
```

(1) Hier wird ein so genanntes Label definiert. Es besteht immer aus einem Namen, dem direkt ein Doppelpunkt folgt. Für ihn gelten die gleichen Regeln wie für Variablennamen. Ein solches Label ist nun keine Sprungmarke, etwa ähnlich einer Zeilennummer, wie sie in vielen Programmiersprachen verwendet wird, sondern benennt die folgende Anweisung bzw. den folgenden Anweisungsblock. Hier erhält also die äußere *for*-Schleife den Namen *jahr*.

(2) Sowohl ein *break* als auch – wie hier – ein *continue* können dieses Label ansprechen. Dadurch wird nicht mehr die eigene Schleife abgebrochen bzw. unterbrochen, sondern die durch das Label benannte Schleife. Wenn diese Anweisung auf Grund des *if*-State-

ments nun ausgeführt wird, dann wird hier also *x* erhöht, der Test *x*<=8 durchgeführt und die Anweisungen der äußeren Schleife durchlaufen.

Hinweis:

Bei JavaScript ist *goto* zwar ein reserviertes Wort, eine Sprungan-weisung dieses Namens gibt es aber nicht.

5.5 Zusammenfassung

Zum Schluss dieses Kapitels sind hier die wichtigsten Punkte zusam-mengefasst:

▨ JavaScript kennt die drei Iterationen: *for, while* und *do*.

▨ Die *for*-Anweisung legt fest, wie oft ein Programmteil zu wiederho-len ist. Sie benutzt dazu eine Variable, die die Anzahl der Durchläu-fe zählt.

▨ Ein spezieller Schleifentyp ist *for ... in*. Dabei wird eine Schleife für jede Eigenschaft bzw. jedes Element eines Objektes durchlaufen.

▨ Bei der *while*-Schleife wird ein logischer Ausdruck bewertet, der ent-scheidet, ob die Schleife zu durchlaufen ist. Diese Prüfung findet zu Beginn statt, sodass es vorkommen kann, dass die Schleife gar nicht durchlaufen wird. Diese Schleife wird auch *kopfgesteuerte* bzw. *ab-weisende Schleife* genannt.

▨ Auch bei der *do*-Schleife wird eine Bedingung getestet. Allerdings erfolgt dieser Test erst nach dem Abarbeiten der Schleife; sie wird also mindestens einmal durchlaufen. Diese Art der Schleife nennt man *fußgesteuert*.

▨ Schleifen können (fast) beliebig verschachtelt werden.

▨ Achten Sie darauf, dass eine *for*- und eine *while*-Anweisung nicht mit einem *Semikolon* abgeschlossen werden. Die Zeile *for (x=1; x<=100; x=x+1);* zählt nur *x* von 1 bis 100 hoch, sonst tut sie gar nichts!

5.6 Übungen

Aufgabe 19

Schreiben Sie ein Programm, das alle ungeraden Zahlen von 1 bis n addiert.
Verwenden Sie dazu eine *for*-Schleife.

Aufgabe 20

Das folgende Programm gibt eine Anzahl von Sternen (*) in Form eines
Dreiecks auf dem Bildschirm aus. Ändern Sie das Programm so, dass dieses
Dreieck auf dem Kopf steht.

```
// Aufg020.js

var zeile,spalte

for(zeile=1; zeile <= 20; zeile++) {
  for(spalte=1; spalte <= zeile; spalte++)
    document.write("*")
    document.write("<BR>")
}
```

Aufgabe 21

Schreiben Sie ein Programm, das die ganzen Zahlen von 1 bis n miteinander multipliziert.
Das Programm erwartet die Eingabe von n und berechnet das Produkt von
1*2*3*...*n. In der Mathematik heißt dieses Produkt n Fakultät, geschrieben n!.
4! entspricht also 1*2*3*4 = 24.

Aufgabe 22

Notieren Sie die folgenden Aussagen in JavaScript-Schreibweise für eine
while-Schleife.

a) Solange *summe* ungleich 1000.
b) Solange *x* gleich *y*.
c) Solange *zahl* größer oder gleich *n*.

d) Solange *x* minus *y* ungleich 145.

e) Solange *a* mal *b* gleich *c* mal *d*.

Aufgabe 23

Ändern Sie das Programm aus Aufgabe 19 so, dass statt der *for-* eine *while-*Schleife benutzt wird.

Aufgabe 24

In einem Programm muss bei der Eingabe einer Zahl dafür gesorgt werden, dass nur Zahlen kleiner als null eingegeben werden können. Wie muss dieser Programmteil aussehen, damit die Forderung erfüllt wird? Benutzen Sie hierfür die *do-*Schleife.

Aufgabe 25

Was ist an folgendem Programm falsch?

```
// Aufg025.js
// Dieses Programm enthält einen Fehler!

var wert,wertminderung,restwert
var jahr

document.write("Berechnung der Wertminderung<BR>")
wert = prompt("Wert:",0)
document.write("<BR>Wert: ",wert)
wertminderung = prompt("%-Wertminderung:",0)
document.write("<BR>%-Wertminderung: ",wertminderung)
restwert = prompt("Restwert:",0)
document.write("<BR>Restwert: ",restwert)
jahr=1
while(parseFloat(wert) != parseFloat(restwert)) {
  wert=wert*((100-wertminderung)/100)
  document.write("<BR>Wert nach ",jahr,
    " Jahren ",wert)
  jahr++
}
```

6 Zeichenketten

In den bisherigen Beispielen wurden bereits häufig Zeichenketten verwendet, ohne dass auf ihre Eigenschaften und Methoden näher eingegangen werden konnte. Dies soll nun nachgeholt werden.

6.1 Zeichenketten erzeugen

Zeichenketten können als Literale und als Objekte in JavaScript auftreten. Beide Arten von Text können in Variablen gespeichert werden. Oft fällt bei der Verarbeitung der Skripte kein Unterschied zwischen Literalen und Objekten auf, obwohl dies zwei ganz andersartige Dinge sind. Das liegt daran, dass JavaScript bei Bedarf einfach ein Objekt aus einem Literal erzeugt. Das folgende Beispiel zeigt, wie Objekte für Zeichenketten erzeugt werden, und demonstriert den Unterschied zwischen ihnen und den Literalen.

```
// Bsp1035.js

var text1 = 'Hallo Welt'                        //(1)
var text2 = new String("Hallo Leute")           //(2)

document.write("<BR>",text2.length)             //(3)
document.write("<BR>",text1.length)             //(4)
document.write("<BR>","Test".length)            //(5)
document.write("<BR>",eval("17+4"))             //(6)
document.write("<BR>",
        eval(new String("17+4")))               //(7)
```

Die Ausgabe dieses Programms zeigt das Bild auf der nächsten Seite.

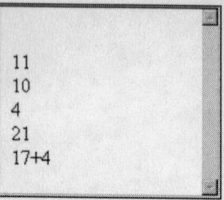

```
11
10
4
21
17+4
```

(1) Bei dem Text *Hallo Welt* handelt es sich um ein Literal, das heißt um einen konstanten Wert. Er wird von Apostrophen begrenzt. Die Variable *text1* speichert dieses Literal.

(2) Hier wird ebenfalls ein Literal verwendet. Allerdings werden dieses Mal Anführungszeichen als Begrenzungszeichen für *Hallo Leute* eingegeben. Das macht aber keinen Unterschied zu (1). Dieses Literal wird nun benutzt, um ein Zeichenkettenobjekt mit gleich lautendem Inhalt zu erzeugen. Dies geschieht durch *new String(...)*. Die Funktion *String* ist der so genannte Konstruktor der Klasse *String*. Statt Klasse wird bei JavaScript meistens der Ausdruck Objekttyp benutzt. Oft wird auch einfach vom Objekt gesprochen, wenn man den Objekttyp meint, was natürlich nicht ganz korrekt ist. Das hier erzeugte Objekt wird in der Variablen *text2* gespeichert.

(3) Objekte haben Eigenschaften. Die wohl am häufigsten eingesetzte Eigenschaft der Zeichenketten heißt *length*. Sie gibt die Länge des Textes bzw. seine Anzahl an Zeichen an. Für das Objekt *text2* wird hier der Wert der Eigenschaft ausgegeben.

(4) Wie Sie in der Programmanzeige feststellen können, kann offensichtlich auch für ein Literal die Länge mit Hilfe dieser Eigenschaft bestimmt werden, denn *text1* speichert ja ein Literal. Dies ist aber nur deshalb möglich, weil JavaScript intern, ähnlich wie in (2), ein Objekt aus dem Literal erzeugt, dafür die Eigenschaft aufruft und dann das Objekt wieder vernichtet.

(5) Wer meint, dass dies nur funktioniert, weil das Literal als Variable gespeichert ist, wird hier eines Besseren belehrt. Man kann direkt für ein Literal Eigenschaften und natürlich auch Methoden aufrufen.

(6) Dass dennoch ein Unterschied besteht, soll mit Hilfe von *eval* gezeigt werden. Wird diese objektunabhängige Funktion mit einer Zeichenkette aufgerufen, die einen mathematischen Ausdruck enthält, so wird dieser berechnet und das Ergebnis zurückgeliefert. Dies kannten Sie bereits aus Kapitel 3.1.

(7) Hier besteht der Parameter von *eval* aus einem Objekt, das wieder mittels *new* über den Konstruktor erzeugt wird. Der Inhalt ist der gleiche wie in (6). Jetzt kann *eval* diesen arithmetischen Ausdruck jedoch nicht berechnen, sondern ihn nur aus dem Objekt extrahieren. Obwohl Objekt und Literal also aus dem gleichen Text bestehen, verhalten Sie sich anders.

Escapesequenzen
Neben Buchstaben, Ziffern, Satz- und Sonderzeichen können Zeichenketten auch Steuerzeichen enthalten, die zwar nicht druckbar sind, jedoch Auswirkungen auf die Textdarstellung haben können. Diese besonderen Zeichen werden durch so genannte Escapesequenzen dargestellt. Das sind Zeichenkombinationen aus dem Backslash \ und einem Kleinbuchstaben. Ihre Verwendung und unterschiedliche Wirkung demonstriert das Beispiel 36.

```
// Bspl036.js

var text1, text2

text1 = "Wort\nf&uuml;r\nWort\nin\tneuer\t\"Zeile\""
text2 = '<BR>und noch\n\'Zeilen\'\nhinterher'
alert(text1+text2)
document.write(text1+text2)
```

In der markierten Anweisung wird eine neue Funktion benutzt. Durch *alert* wird, ähnlich wie von *prompt,* ein Dialogfeld erzeugt. Es dient jedoch nur zur Anzeige und verfügt daher nur über eine *OK*-Schaltfläche.

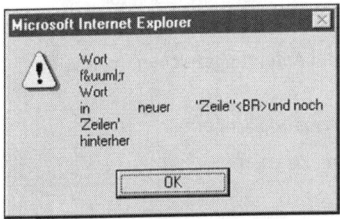

Wie Sie im Bild erkennen können, werden HTML-Codierungen innerhalb einer Zeichenkette, die im Dialogfeld angezeigt wird, erwartungsgemäß nicht interpretiert. Sie werden einfach im Original dargestellt.

Zeilenumbrüche, Tabulationen, Anführungszeichen und Apostrophe, die als Escapesequenzen \n, \t, \" und \' in den Zeichenketten enthalten sind, erscheinen in der Anzeige.

Im HTML-Dokument sehen die Zeichenketten dann so aus:

> Wort für Wort in neuer "Zeile"
> und noch 'Zeilen' hinterher

Hier werden natürlich die HTML-Anweisungen umgesetzt. Zeilenumbrüche und Tabulationen werden jedoch durch ein einfaches Leerzeichen ersetzt.

Die folgende Tabelle enthält alle Escapesequenzen und beschreibt ihre Wirkung.

Zeichen	Name	Wirkung
\b	backspace	links davon stehendes Zeichen wird gelöscht
\n	new line	je nach System wird eine neue Zeile an der aktuellen Position oder am linken Rand begonnen
\r	carriage return	je nach System wird an den linken Rand in der aktuellen oder einer neuen Zeile positioniert
\f	form feed	ein Seitenvorschub für Drucker wird eingebaut
\t	tab	es wird bis zum nächsten Tabulator eingerückt
\"	quote	steht für ein Anführungszeichen innerhalb von "..."
\'	single quote	steht für Apostroph innerhalb von '...'
\\	backslash	erzeugt das Zeichen \ selbst

Enthält eine Zeichenkette falsche Escapezeichen, so werden lediglich die Buchstaben (ohne \) ausgegeben.

> *Hinweis*:
> Weitere Steuerzeichen sind bei *escape* und *unescape* möglich (siehe Kapitel 4.6).

6.2 HTML-Formatierungen

Immer wenn mittels *write* oder *writeln* in ein HTML-Dokument geschrieben wird, müssen die entsprechenden Tags, wie beispielsweise <*BR*>, mit ausgegeben werden. Sobald der Text nun viele Formatierungen enthält, kann es schon lästig werden, stets an die HTML-Marken zu denken und sie auch richtig einzugeben. Dazu kommt, dass der Code dadurch nicht gerade übersichtlicher wird. Deshalb gibt es für die wichtigsten Formatmarken Methoden des Objekttyps *String*. Sie erzeugen die entsprechenden HTML-Bausteine, die dann einfach ins Dokument eingefügt werden können.

Zur Demonstration soll vom nächsten Beispiel ein Text mit einem Farbverlauf, wie im folgenden Bild angedeutet, angezeigt werden.

Dies kann das Skript *Bspl037* bewerkstelligen. Es beginnt beim W mit einem Pinkfarbton und variiert die Farbe dann über ein helles Braun zu einem satten Gelb.

```
// Bspl037.js

var text = "Willkommen"

for(var i=0;i<text.length;i++) {              //(1)
  var farbe = "FF"                            //(2)
          +(i*25).toString(16)                //(3)
          +((10-i)*25).toString(16)           //(4)
  var b = text.substr(i,1)                    //(5)
  document.write(b.bold().fontcolor(farbe)
```

```
                    .big())                              //(6)
  }
```

(1) Der Text soll Zeichen für Zeichen in einer anderen Farbe gesetzt werden. Für solche Aufgaben sind Schleifen sinnvoll, die die gewünschte Verarbeitung vom ersten bis zum letzten Zeichen wiederholen. Das erste Zeichen eines Textes trägt die Nummer 0, deshalb wird die Zählvariable i damit initialisiert. Die Anzahl Zeichen wird durch *text.length* geliefert. Weil aber die Zählung mit 0 beginnt, darf i diesen Wert nicht mehr annehmen, sondern muss kleiner bleiben. Zeichenkettenschleifen sollten immer statt konstanter Zahlen die Eigenschaft *length* zur Steuerung verwenden.

(2) Die Farbangabe wird für die spätere Verwendung als Zeichenkette benötigt, in der die Grundfarben Rot, Grün und Blau in der genannten Reihenfolge hexadezimal angegeben werden. Hier wird also als Erstes der Rot-Anteil auf Maximum gesetzt (FF = 255).

(3) In Schritten von 25 wird durch *i*25* der Grün-Anteil erhöht. Mittels *toString(16)* wird die Zahl in eine hexadezimale Zeichenkette umgewandelt (siehe Kapitel 4.6). Die Formel muss eingeklammert werden, damit sich die Methode auf das Ergebnis bezieht und nicht nur auf 25.

(4) In ähnlicher Weise wird der Blau-Anteil in der gleichen Schrittweite durch *(10-i)*25* gesenkt.

(5) Die Methode *substr* liefert einen Abschnitt einer Zeichenkette, der in der Variablen b gespeichert wird. Dabei gibt der erste Parameter den Startindex innerhalb der Zeichenkette – beginnend mit 0 – und der zweite die Anzahl der gewünschten Zeichen an. Hier wird also immer ein Zeichen an der i-ten Stelle extrahiert. Der ursprüngliche Text bleibt dabei natürlich unverändert.

(6) Hier wird jetzt das Zeichen mit Hilfe der *String*-Methoden formatiert und ausgegeben. Durch *bold()* wird Fettschrift erzeugt, *fontColor(farbe)* setzt die Farbe, und *big()* vergrößert den Schriftgrad.

Das Beispiel zeigt auch sofort, wie mehrere Tags für einen Text miteinander kombiniert werden. Dies geschieht nämlich durch die Aneinanderreihung der Methodenaufrufe. Sehen Sie sich diesen Aufruf einmal für den ersten Durchlauf (*i=0, b="W"*) an:
Zunächst wird durch *b.bold()* die Zeichenkette **<B>W</B>** erzeugt, durch die man den Aufruf ersetzen kann. Für dieses Objekt wird nun

fontcolor(farbe) aufgerufen. Den Wert von *farbe* kann man an Hand des Betrages von *i* als *FF+0+FA* ermitteln. Dieser Aufruf führt zur Zeichenkette **<FONT COLOR="FF0fa"><B>W</B></FONT>**. Hierfür wird nun die Methode *big()* benutzt, was endgültig dann **<BIG><FONT COLOR ="FF0fa"><B>W</B></FONT></BIG>** liefert. Dieser HTML-String wird von *write* ins Dokument geschrieben.

Jede Methode bettet also den gesamten Text des Objektes, für das sie aufgerufen wird, in die jeweiligen HTML-Tags ein.

Die nachstehende Tabelle enthält die Methoden, mit deren Hilfe diese Formatsequenzen in HTML erzeugt werden können. Die Beispiele benutzen statt eines Objektes zur kompakteren Darstellung ein Literal.

Methode	Beschreibung
anchor	zeigt den Text als HTML-Anker (Ziel für Verknüpfungen) an. Beispiel: *"text".anchor("Start")* liefert *<A NAME="Start">text</A>*
big	zeigt den Text in einem großen Schriftgrad an. Beispiel: *"text".big()* liefert *<BIG>text</BIG>*
blink	zeigt den Text blinkend an. Beispiel: *"text".blink()* liefert *<BLINK>text</BLINK>*
bold	zeigt den Text in Fettschrift an. Beispiel: *"text".bold()* liefert *<B>text</B>*
fixed	zeigt den Text in einer Schrift mit fester Zeichenbreite an. Beispiel: *"text".fixed()* liefert *<TT>text</TT>*
fontcolor	zeigt den Text in der angegebenen Farbe an. Beispiel: *"text".fontcolor("red")* liefert *<FONT COLOR="red">text</FONT>*
fontsize	zeigt den Text in der angegebenen Schriftgröße an. Beispiel: *"text".fontsize(7)* liefert *<FONTSIZE=7>text</FONTSIZE>*
italics	zeigt den Text kursiv an. Beispiel: *"text".italics()* liefert *<I>text</I>*
link	zeigt den Text als Hyperlink an. Beispiel: *"text".link("http://www.erlenkoetter.de")* liefert *<A HREF="http://www.erlenkoetter.de">text</A>*

Methode	Beschreibung
small	zeigt den Text in einem kleinen Schriftgrad an. Beispiel: *"text".small()* liefert *<SMALL>text</SMALL>*
strike	zeigt den Text durchgestrichen an. Beispiel: *"text".strike()* liefert *<STRIKE>text</STRIKE>*
sub	zeigt den Text tiefgestellt an. Beispiel: *"text".sub()* liefert *_{text}*
sup	zeigt den Text hochgestellt an. Beispiel: *"text".sup()* liefert *^{text}*

6.3 Analysemethoden

Eine andere, kleinere Gruppe von Methoden kann benutzt werden, um Zeichenketten zu untersuchen. Sie können feststellen, welches Zeichen sich an einer bestimmten Position befindet und wie sein Codewert lautet. Sie ermitteln auch die Position, an der sich eine bestimmte Zeichenfolge befindet, wobei von vorn und von hinten gesucht werden kann. Diese vier Methoden werden mit ihren Varianten im folgenden Beispiel vorgestellt.

```
// Bspl038.js

var text = "www.denic.de"
var pos

document.write("<BR>",text.charAt(0))              //(1)
document.write("<BR>",text.charCodeAt(0))          //(2)
pos = text.indexOf(".de")                          //(3)
if (pos == -1)                                     //(4)
  document.write("<BR>","Text nicht gefunden")
else
  document.write("<BR>","Text auf Index ",
             pos," gefunden")
pos = text.lastIndexOf(".de")                      //(5)
if (pos == -1)                                      //(6)
  document.write("<BR>","Text nicht gefunden")
else
```

```
     document.write("<BR>","Text auf Index ",
                pos," gefunden")
 pos = text.indexOf(".de",10)                              //(7)
 if (pos == -1)
   document.write("<BR>","Text nicht gefunden")
 else
   document.write("<BR>","Text auf Index ",
                pos," gefunden")
 pos = text.lastIndexOf(".de",8)                           //(8)
 if (pos == -1)
   document.write("<BR>","Text nicht gefunden")
 else
   document.write("<BR>","Text auf Index ",
                pos," gefunden")
```

Das nächste Bild zeigt sein Ergebnis.

```
w
119
Text auf Index 3 gefunden
Text auf Index 9 gefunden
Text nicht gefunden
Text auf Index 3 gefunden
```

(1) Die Methode *charAt* liefert das Zeichen an der durch den Parameter angegebenen Stelle zurück. Das erste Zeichen wird dabei ebenfalls durch den Index 0 angesprochen, das letzte also durch *text.length −1*.

(2) Soll nicht das Zeichen selbst, sondern sein Codewert im Zeichensatz abgefragt werden, dann hilft die Methode *charCodeAt*. Sie liefert den dezimalen Unicodewert des Zeichens, das sich an der durch den Parameter angegebenen Position befindet. Dieser Wert reicht von 0 bis 65 535 und stimmt bis 128 mit den Werten des ASCII-Zeichensatzes überein. Falls der Parameter übrigens weggelassen wird, ermittelt *charCodeAt* den Code des ersten Zeichens.

(3) Anders arbeitet die Methode *indexOf*. Sie stellt fest, an welcher Position sich die im Parameter angegebene Zeichenfolge befindet. Der Test beginnt dabei am Anfang des Objektes *text* und berücksichtigt

die Schreibweise. Auch hier beginnt die Zählung mit 0. Die Methode liefert dann die Position, ab der eine Übereinstimmung festgestellt wurde. Der Wert 3 bedeutet hier also beispielsweise, dass ab dem 4. Zeichen in *text* die Zeichenkette *.de* enthalten ist.

(4) Wenn die Suche erfolglos verlaufen ist, die Suchkette also gar nicht in dem Objekt vorkommt, dann liefert *indexOf* den Wert −1 als Fehlerindikator. Dies sollte daher immer − wie auch hier − überprüft werden.

(5) Das jeweils letzte Vorkommen einer Zeichenfolge findet *lastIndexOf*, denn hier beginnt die Suche am Ende des Objektes. Die Zählung des zurückgegebenen Wertes beginnt aber wieder von vorn bei 0. So wird hier durch den Wert 9 angezeigt, dass *.de* zum letzten Mal ab der 10. Stelle in *text* vorkommt.

(6) Auch hier zeigt −1 an, dass nichts gefunden wurde. Dies sollte also durch entsprechende *if*-Anweisungen immer geprüft werden.

(7) Wenn *indexOf* nicht ab der ersten Stelle suchen soll, kann dies durch einen zweiten Parameter angegeben werden. Durch den Wert 10 startet hier der Test also erst ab Position 11, was dazu führt, dass nichts gefunden wird.

(8) Über den zweiten Parameter kann auch bei *lastIndexOf* die Startposition für die Suche festgelegt werden. Durch 8 beginnt hier also beim 9. Zeichen die Suche in Richtung Textanfang. Dementsprechend wird jetzt *.de* ab der 4. Stelle gefunden.

6.4 Einfache Textmanipulationen

Kleinere Textmanipulationen sind das Zerlegen und Zusammensetzen sowie das Verändern der Schreibweise von Zeichenketten. Auch hierfür stellt der Objekttyp *String* Methoden bereit.

6.4.1 Texte verketten

Zeichenketten können sowohl aus einzelnen Zeichen als auch aus anderen Zeichenfolgen zusammengebaut werden. Die verschiedenen Methoden hierzu werden im Beispiel 39 verwendet.

```
// Bspl039.js

document.write("1 "
    +String.fromCharCode(8364).concat(" = ",
        1.95583," DM"))                              //(1)
document.write("<PRE>")
document.write(String.fromCharCode(9834,
    9835,9786,9787,9827,9824,9829,9830,
    10,10))                                          //(2)
for(var i=0;i<10;i++)
    document.write("\t",i)
document.write("\n")
for(var j=3;j<=25;j++) {                             //(3)
    document.write(j*10)
    for(var k=0;k<10;k++)
        document.write("\t",
            String.fromCharCode(j*10+k))
    document.write("\n")
}
```

(1) Zuerst gibt das Programm eine Zeichenkette aus, die aus fünf verschiedenen Teilketten zusammengesetzt wird. Das geschieht in dieser Reihenfolge: Zuerst erzeugt *String.fromCharCode(8364)* das Euro-
Zeichen. Diese Methode wird gleich näher erläutert. Dafür wird
dann die Methode *concat* mit drei Parametern aufgerufen. Sie liefert
eine neue Zeichenkette, die sich aus der, für die *concat* aufgerufen
wird, und ihren Parametern zusammensetzt. Es können beliebig
viele davon angegeben werden, wobei numerische vorher in Texte
umgewandelt werden. Zum Schluss wird das Resultat durch den
Operator + mit der *1* zusammengebaut. Während dieser jedoch
auch ungewollt Additionen ausführen kann (z. B. *document.wri-
te(1+1)*), fügt *concat* die Parameter immer als Zeichenketten an das
Objekt an.

(2) Was macht nun *fromCharCode*? Zunächst einmal fällt auf, dass diese Methode für den Objekttyp *String* und nicht für irgendein Objekt
aufgerufen wird. Sie ist eine so genannte Klassenmethode im Gegensatz zu den Instanzmethoden, wie beispielsweise *concat*, die immer für ein Objekt aufgerufen werden müssen. Sie arbeitet quasi als
Gegenstück zu *charCodeAt* und erzeugt zu einem oder mehreren
Unicode-Werten die zugehörigen Zeichen und setzt sie zu einer Zeichenkette zusammen. Durch den Unicode können bis zu 65 535

verschiedene Zeichen definiert werden, wobei die ersten 128 mit dem ASCII- und die nächsten 128 weitgehend mit dem ISO-Latin-1-Code übereinstimmen. Die hier benutzten Codes erzeugen Noten, Smileys, Kartenspielsymbole und sogar Zeilenvorschübe (Code 10). Damit diese jedoch sichtbar werden, wurde vorher das *PRE*-Tag ausgegeben. So gelten die folgenden Zeichen als vorformatiert und werden in der passenden Schriftart angezeigt.

(3) Diese beiden geschachtelten Schleifen geben zeilenweise jeweils 10 Zeichen im Unicode aus, beginnend mit dem Wert 30 (3*10+0) bis zum Code 259 (25*10+9).

Die ersten beiden Ausgaben dieses Programms erzeugen dann das folgende Bild.

Wenn Sie in (3) die Zählvariable *j* von 157 bis 161 laufen lassen, können Sie vielleicht auch Zeichen sehen, wie in dieser Abbildung dargestellt.

Ob Sie allerdings alle Zeichen sehen, hängt vom Browser und vom Betriebssystem ab, insbesondere davon, ob Unicode unterstützt wird. Windows 95 kann dies beispielsweise nicht.

6.4.2 Texte zerlegen und umformen

Bereits im Kapitel 6.2 haben Sie im Beispiel 37 die Methode *substr* kennen gelernt. Mit ihrer Hilfe konnte ein Teil der Zeichenkette separiert werden. Dabei kann es sich aber auch um mehr als einen einzigen Buchstaben handeln. Neben *substr* gibt es zwei weitere Methoden, die im folgenden Beispiel demonstriert werden. Sie haben im Prinzip die gleiche Aufgabe, arbeiten jedoch unterschiedlich.

```
// Bsp1040.js

var text = "Donaudampfschifffahrt"

text = text.toLowerCase()                          //(1)
document.write(text)
document.write("<BR>",text.substr(5))              //(2)
document.write("<BR>",text.substr(-5))             //(3)
document.write("<BR>",text.substr(10,6))           //(4)
document.write("<BR>",text.substring(10))          //(5)
document.write("<BR>",text.substring(10,16))       //(6)
document.write("<BR>",text.slice(10))              //(7)
document.write("<BR>",text.slice(10,16))           //(8)
document.write("<BR>",text.slice(10,-5))           //(9)
```

(1) Die Instanzmethode *toLowerCase* wandelt jeden Buchstaben der Zeichenkette *text* in den entsprechenden Kleinbuchstaben um, sogar die deutschen Umlaute. Dabei wird das Originalobjekt nicht verändert. Deshalb muss hier das neue Objekt, das die Methode liefert, in der Variablen *text* gespeichert werden, wenn man damit weiterarbeiten will. Die korrespondierende Methode *toUpperCase* wandelt alles in Großbuchstaben um. Immer wenn Zeichenketten miteinander verglichen werden, zum Beispiel auch durch *indexOf* und *lastIndexOf*, dann kann man durch die eine oder andere Umwandlung die Schreibweise auf den gleichen Nenner bringen und den Vergleich ohne Berücksichtigung der Groß- und Kleinschreibung durchführen.

(2) Diese und die folgenden Anweisungen geben alle Teilketten von *text* aus. Die Positionsangaben, die als Parameter verwendet werden, beginnen mit 0 für das erste Zeichen. Hier liefert *substr* also einen Teil, der beim 6. Buchstaben beginnt. Weil kein zweiter Parameter angegeben wird, reicht die Teilkette bis zum Ende von *text*.

(3) Ein negativer Parameter bedeutet eine Umkehrung der Zählung. Gemeint ist jetzt das 5. Zeichen von hinten. Dabei wird beim letzten Zeichen mit 1 zu zählen begonnen. Aber Achtung: Manche Browser kennen diese Option nicht und beginnen stattdessen mit der Teilkette beim 1. Zeichen von vorn.

(4) Wird ein zweiter Parameter für *substr* angegeben, dann legt er die Zeichenanzahl fest, die für die Teilkette ab der Startposition kopiert werden soll. Hier werden also ab dem 11. Zeichen sechs Buchstaben übernommen.

(5) Mit nur einem Parameter arbeitet *substring* fast genau so wie *substr*. Allerdings sind bei dieser Methode keine negativen Positionsangaben erlaubt.

(6) Der zweite Parameter hat bei *substring* eine andere Bedeutung als bei *substr*. Hier legt er die Endposition als das Zeichen fest, das nicht mehr zur Teilkette gehören soll. Diese besteht hier also aus dem 11. bis 16. Zeichen. Diese beiden Methoden sind wohl aus Kompatibilitätsgründen vorhanden. So finden Basic- (*substr*) und Java-Programmierer (*substring*) ihre bekannten Funktionen wieder.

(7) Mit einem Parameter verhält sich auch *slice* wie *substr* und *substring*. Vom 11. Zeichen bis zum Ende von *text* wird die Teilkette geliefert.

(8) Mit zwei Parametern gelten die gleichen Regeln wie für *substring*. Das heißt, hier besteht die Teilkette wieder aus den Buchstaben von der 11. bis 16. Position. Das Zeichen mit dem Index 16 an der 17. Position gehört nicht mehr dazu.

(9) Der zweite Parameter darf bei *slice* im Gegensatz zu *substring* jedoch auch negativ sein. Dann dient auch er zur Zählung vom Zeichenkettenende. Hier besteht die Teilkette also aus dem 11. bis zum fünftletzten Buchstaben. Für diejenigen, die es genau wissen wollen: Intern wird *slice* bei negativem zweitem Parameter mittels *length* die Anzahl Zeichen (hier 21) feststellen und den Parameter davon abziehen. Mit dem so gewonnenen positiven Wert (hier 16) wird dann wie in (8) gearbeitet, das heißt, das durch diesen Index angegebene Zeichen gehört nicht mehr dazu.

Wie bereits erwähnt, wird *substr(-5)* von manchen Browsern, so auch vom Internet Explorer bis Version 5.0, nicht korrekt verarbeitet. Der Navigator liefert jedoch das folgende Ergebnis.

```
donaudampfschifffahrt
dampfschifffahrt
fahrt
schiff
schifffahrt
schiff
schifffahrt
schiff
schiff
```

Im Kapitel 7.1.3 lernen Sie eine weitere Methode kennen, die eine Zeichenkette in ein Array von Teilketten zerlegt. Außerdem finden Sie im Anhang weitere Methoden, die allerdings selten benutzt werden.

6.5 Suchen und Ersetzen

Eine der Standardaufgaben der Textverarbeitung besteht aus dem Suchen und Ersetzen von bestimmten Zeichenfolgen. Für diese Zwecke verfügen Zeichenkettenobjekte über drei verschiedene Methoden:

- *search* – einfache Suche
- *match* – komplexe Suche
- *replace* – suchen und ersetzen

Diese Methoden verändern die Zeichenkette niemals, sondern erzeugen stets neue Texte. Sie benutzen statt Zeichenketten – obwohl diese auch funktionieren – als Suchketten spezielle Objekte, so genannte reguläre Ausdrücke (engl. *Regular Expressions*). Das sind besonders aufgebaute Zeichenketten, die durch ein Muster Regeln festlegen, nach denen Text zu suchen ist. Diese Objekte verfügen ebenfalls über Methoden:

- *test* – einfacher Existenztest
- *exec* – komplexe Suche

Der Objekttyp der regulären Ausdrücke heißt *RegExp*. Während seine Methoden ein *String*-Objekt verwenden, um darin zu suchen, verwenden die *String*-Methoden ein *RegExp*-Objekt, um damit zu suchen. Wie Sie sehen, besteht – außer in der Formulierung – kein Unterschied.

6.5.1 Einfache Suche

Oft kommt es nur darauf an, zu wissen, ob eine Zeichenfolge in einem Text überhaupt enthalten ist oder an welcher Stelle sie sich befindet. Für solche einfachen Suchvorgänge sollten Sie immer die Methode *test* oder *search* verwenden. Sie bieten die beste Performance. Ihre Verwendung zeigt Beispiel 41.

```
// Bspl041.js

var text = "Dies ist ein Beispieltext"
var pos

document.write(text,"<P>")
pos = text.search(/eisp/)                              //(1)
if (pos == -1)                                         //(2)
   document.write("<BR>Suchtext nicht gefunden")
else
   document.write("<BR>Suchtext auf Pos.: ",pos,
         " gefunden")
var pos = text.search(/\Sis./)                         //(3)
if (pos == -1)
   document.write("<BR>Suchtext nicht gefunden")
else
   document.write("<BR>Suchtext auf Pos.: ",pos,
         " gefunden")
pos = /eisp/.test(text)                                //(4)
if (!pos)                                              //(5)
   document.write("<BR>Suchtext nicht gefunden")
else
   document.write("<BR>Suchtext gefunden")
```

(1) Um in der Zeichenkette *text* zu suchen, wird *text.search* aufgerufen. Als Parameter wird dieser Methode ein einfacher regulärer Ausdruck übergeben. Die Schrägstriche / am Anfang und Ende sind das Pendant zu den Anführungszeichen und unterscheiden diese Suchangaben von normalen Zeichenketten. Zwischen ihnen befindet sich die Suchkette *eisp*. Diese Zeichen werden normal interpretiert, das heißt, hier wird nach dem Wortfragment *eisp* gesucht, das in B**eisp**ieltext enthalten ist.

(2) Wenn die Suche erfolglos verlaufen ist, liefert *search* −1 als Ergebnis,

ansonsten die Position, an der die Suchkette zum ersten Mal auftritt. Die Zählung beginnt dabei auch hier wieder bei 0. Denken Sie daran, dass die Groß-/Kleinschreibung berücksichtigt wird. Der Wert −1 kann eben auch bedeuten, dass die Schreibweise nicht stimmt. Über eine *if*-Anweisung sollte man – wie hier – immer das Suchergebnis überprüfen.

(3) Dieser reguläre Ausdruck enthält nicht nur einfache Buchstaben, sondern Symbole mit besonderer Bedeutung. Die Schrägstriche sind ja die Begrenzungszeichen, *Sis.* ist also der Suchausdruck. Als Erstes steht hier der so genannte Backslash \. Er sorgt dafür, dass das folgende Zeichen nicht seine normale Bedeutung hat. Statt als ein großes *S* wird es als irgendein Zeichen, außer Whitespace-Zeichen, interpretiert. Letztere sind nicht sichtbare Zeichen in einer Zeichenkette – daher der Name –, wie Tabulationen, Leerzeichen, Zeilenumbrüche usw. Die Buchstaben *i* und *s* stehen wie in (1) wieder für sich selbst. Der Punkt hat jedoch grundsätzlich eine besondere Bedeutung. Er steht für jedes Zeichen außer dem Zeilenvorschub. Soll ein Punkt nicht diese für Muster normale Bedeutung haben, dann muss ihm auch der Backslash vorangestellt werden. Hier wird also nach einem Muster und nicht nach einer fixen Zeichenkette gesucht. Es lautet: irgendein Zeichen außer Leerraum, gefolgt von *is* und irgendeinem Zeichen außer der Zeilenschaltung. Gefunden wird also wieder *eisp* in Beispieltext und nicht *ist*, denn vor dem i von *ist* steht ja ein Whitespace-Zeichen, und das widerspricht dem *S*.

(4) Die simple Existenz einer Suchkette im Text kann mit der Methode *test* geprüft werden. Sie gehört zu *RegExp*, daher muss sie hier für den regulären Ausdruck aufgerufen werden. Dabei kann es sich um ein Literal oder eine Variable handeln. Als Parameter wird der zu durchsuchende Text übergeben. Jetzt arbeitet eben nicht mehr der Text mit dem regulären Ausdruck, sondern Letzterer mit dem Text.

(5) Von *test* wird nur *true* oder *false* geliefert, je nachdem, ob die Suche Erfolg hatte oder nicht. Deshalb kann dieser logische Wert direkt von *if* getestet werden. Verlief die Suche negativ, dann steht in *pos* der Wert *false*. Durch *!* wird daraus *true,* und die Fehlermeldung wird ausgegeben.

6.5.2 Suchmuster

Die Suchfunktionen *test* und *search* sind auch geeignet, um Eingaben zu überprüfen. Das folgende Skript erwartet vom Anwender die Eingabe eines Kfz-Kennzeichens und prüft, ob es gültig sein kann. An Hand dieses Beispiels lernen Sie einige der wichtigsten Symbole für reguläre Ausdrücke kennen.

```
// Bsp1042.js

var muster =
    /^[A-Z]{1,3} - [A-Z]{1,2} \d{1,4}$/            //(1)
var kfz, ok
while(true) {
  kfz = prompt("Ihr Kfz-Kennzeichen:"," ")
  ok = muster.test(kfz)                            //(2)
  if (ok || kfz.length == 0)                       //(3)
    break
  else
    alert("Das ist kein Kfz-Kennzeichen!")
}
document.write("<BR>Ihr Kennzeichen: ",kfz)
```

(1) Selbst wenn Sie es zunächst nicht glauben wollen, dieser reguläre Ausdruck beschreibt den Aufbau von deutschen Kfz-Kennzeichen. Zu seinem besseren Verständnis sei ihr Aufbau zunächst in Worten beschrieben: Kfz-Kennzeichen beginnen mit 1–3 Großbuchstaben, gefolgt von einer Leerstelle, einem Bindestrich und einem weiteren Leerzeichen. Dem schließen sich mindestens 1, höchstens 2 Großbuchstaben an. Nach einer Leerstelle treten 1–4 Ziffern am Ende auf. Dies kann man jetzt in Symbole und Zeichen umsetzen: Der Textbeginn wird durch das Zeichen ^ dargestellt. Dabei handelt es sich natürlich nicht um ein echtes Zeichen, sondern um die Beschreibung der Zeichenumgebung. Das nächste Zeichen muss also das erste Zeichen sein. Jetzt kommt ein Ausdruck in eckigen Klammern []. Er steht für die Beschreibung eines einzigen Zeichens und enthält seinen erlaubten Bereich. Hier darf also ein Großbuchstabe von A bis Z stehen. Die folgenden geschweiften Klammern beschreiben jetzt nicht das nächste Zeichen, sondern legen die Häufigkeit des vorhergehenden fest. Der erste Wert beschreibt die Min-

dest- und der zweite die Höchstanzahl. Zu Beginn des Kennzeichens stehen also mindestens 1, höchstens 3 Großbuchstaben von A–Z. Die sich anschließende Kombination aus Leerstelle, Bindestrich und Leerstelle muss genau so enthalten sein. Dann folgen 1–2 Großbuchstaben von A–Z und eine Leerstelle. Das nun auftretende \d ist auf Grund des \ kein d sondern ein Symbol. Es steht nämlich für eine Ziffer (d = digit). Durch die folgenden geschweiften Klammern wird beschrieben, dass mindestens 1, höchstens 4 Ziffern folgen. Durch $ wird das Ende des Textes markiert. Es dürfen also keine weiteren Zeichen mehr folgen.

(2) Um jetzt zu prüfen, ob die in *kfz* enthaltene Eingabe ein gültiges Kennzeichen darstellen kann, wird für den regulären Ausdruck einfach die Methode *test* mit *kfz* als Parameter aufgerufen und ihr Ergebnis in *ok* gespeichert.

(3) Durch die logische Verknüpfung von *ok* mit *kfz.length == 0* wird die Möglichkeit geschaffen, die Schleife auch durch eine leere Eingabe zu verlassen. Dies soll auch eine Sicherheit vor Endlosschleifen darstellen.

Die folgende Tabelle beschreibt die verschiedenen Symbole und reservierten Zeichen mit besonderer Bedeutung, die in regulären Ausdrücken verwendet werden können.

Platzhalter	Bedeutung
\	verändert die Kategorie des folgenden Zeichens wie bei Escapesequenzen; Symbole werden zu normalen Zeichen und umgekehrt.
^	steht für den Beginn des Textes bzw. einer Zeile*.
$	steht für das Ende des Textes bzw. einer Zeile* (ohne Umbruchzeichen).
*	legt eine beliebige Häufigkeit des vorangehenden Zeichens fest (0 bis mehrmals).
+	legt für die Häufigkeit des vorangehenden Zeichen mindestens einmaliges Auftreten fest.
?	legt für die Häufigkeit des vorangegangenen Zeichens 0 oder 1 fest.
.	steht für jedes Zeichen außer dem Zeilenvorschubzeichen.

Platzhalter	Bedeutung
(x)	legt durch die Klammerung fest, dass der Suchteil x zwischengespeichert wird; gefundene Teilketten sind über das Rückgabearray oder die Eigenschaften $1, ..., $9 verfügbar.
x|y	steht für ein x ODER ein y.
{n}	legt für die Häufigkeit des vorangehenden Zeichens den exakten Wert n fest.
{n,}	legt für die Häufigkeit des vorangehenden Zeichens einen Mindestwert n fest.
{n,m}	legt für die Häufigkeit des vorangehenden Zeichens einen Mindestwert n und einen Höchstwert m fest.
[xyz]	steht für ein Zeichen aus der genannten Aufzählung; Bereiche können durch einen Bindestrich angegeben werden, z. B. [x-z].
[^xyz]	steht für ein Zeichen, das nicht in der genannten Aufzählung enthalten ist; Bereiche können durch einen Bindestrich angegeben werden, z. B. [^x–z].
[\b]	steht für ein Backspace-Zeichen.
\b	steht für einen Wortzwischenraum*.
\B	schließt Wortzwischenraum aus.
\cX	steht für [STRG]-X; X ist ein Buchstabe von A bis Z.
\d	steht für eine Ziffer; äquivalent zu [0-9].
\D	steht für ein nichtnumerisches Zeichen; äquivalent zu [^0-9].
\f	steht für einen Seitenvorschub.
\n	steht für einen Zeilenvorschub.
\r	steht für einen Wagenrücklauf.
\s	steht für ein so genanntes Whitespace-Zeichen (Leerzeichen, Tabulation, Seiten-, Zeilenvorschub, usw.); entspricht [\f\n\r\t\u00A0\u2028\u2029].
\S	steht für ein Zeichen außer Whitespace-Zeichen; gleichwertig mit [^ \f\n\r\t\u00A0\u2028\u2029].
\t	steht für eine Tabulation.
\v	steht für eine vertikale Tabulation.

Platzhalter	Bedeutung
\w	steht für einen Buchstaben, eine Zahl oder den Unterstrich; entspricht [A-Za-z0-9_].
\W	steht für ein Satz- oder Sonderzeichen; stimmt überein mit [^A-Za-z0-9_]**.
\n	bezieht sich auf den letzten Fund der n. Klammerung im Ausdruck.
\0	steht für eine binäre 0 (Zeichen mit dem Code 0).
\xhh	definiert ein Zeichen in hexadezimaler Schreibweise (nur 2 Hex.-Ziffern).
\uhhhh	definiert ein Unicode-Zeichen in hexadezimaler Schreibweise (4 Hex.-Ziffern).

*   Zeilenanfang und -ende nicht beim Internet Explorer
** Umlaute gehören hierzu und nicht zu den «normalen» Zeichen

Einige Beispiele für Suchmuster:

\.	steht für den Punkt
*	steht für einen Stern
\$	steht für $
^-	steht für Bindestrich am Text- oder Zeilenanfang (z. B. Strichaufzählung)
-$	steht für Bindestrich am Zeilen- oder Textende (z. B. Trennstrich)
0*	steht für beliebig viele Nullen, auch gar keine
\t+	steht für ein oder mehrere Tabulatorzeichen
-?	steht für keinen oder nur einen Bindestrich, z. B. Minuszeichen
w{3}	steht für exakt 3 w; entspricht auch /www/
\d{5}	steht für 5 Ziffern, z. B. Postleitzahl
[äöüÄÖÜ]	steht für einen einzigen der Umlaute
[ckm]m	steht für cm, km bzw. mm
\d+\.\d{2}	steht für eine Dezimalzahl mit 2 Nachkommastellen (Dezimalzeichen ist der Punkt)

Bevor Sie die nächsten Beispiele durcharbeiten, sollten Sie die folgenden beiden Aufgaben lösen.

Aufgabe 26

Wonach suchen die folgenden regulären Ausdrücke?

a) /Hans Müller|Müller, Hans/
b) / [IVXLCDM]+[\.]/
c) /\d{2}:\d{2}/
d) /\d+[\.)]\s/

Aufgabe 27

Geben Sie für die folgenden Suchen passende Suchmuster an:

a) Name einer Aktiengesellschaften oder Gesellschaft mit beschränkter Haftung
b) Datumsangaben
c) Euro-Beträge mit Komma und nachgestellter Währungsangabe

6.5.3 Komplexe Suche

In Verbindung mit ausgeklügelten Suchmustern sind die beiden Methoden *test* und *search* bereits recht leistungsfähig. Wenn man jedoch wissen will, was durch ein Muster mit Platzhaltern genau gefunden wurde oder wie oft die gesuchte Zeichenfolge im Text enthalten ist, muss man entweder eigene Funktionen schreiben oder zu den Methoden *exec* und *match* greifen.

Das Beispiel 43 zeigt, wie mit ihrer Hilfe die Fundstellen ausgewertet werden, aber auch, wie wichtig es bei JavaScript sein kann, die einzelnen Browser zu berücksichtigen.

```
// Bsp1043.js
var text = "Wüste, nur Wüste, ich wüsste \
gern, wo Wasser ist."                        //(1)


var suche1 = /wüs+te\b/i                      //(2)
var suche2 = new RegExp("wüs+te\\b","g")      //(3)


document.write("<BR>suche1: ",
        text.match(suche1))                   //(4)
document.write("<BR>",suche1.lastIndex)       //(5)
```

```
document.write("<BR>suche2-1: ",
        suche2.exec(text))                              //(6)
document.write("<BR>",suche2.lastIndex)                 //(7)
document.write("<BR>suche2-2: ",
        suche2.exec(text))                              //(8)
document.write("<BR>",suche2.lastIndex)                 //(9)
document.write("<BR>suche2-3: ",
        suche2.exec(text))                              //(10)
document.write("<BR>",suche2.lastIndex)                 //(11)


suche2.compile("(wü)(s+)(te)\\b","g")                   //(12)
document.write("<BR>suche2-1: ",
        suche2.exec(text))                              //(13)
document.write("<BR>",suche2.lastIndex)
document.write("<BR>suche2-2: ",suche2.exec(text))
document.write("<BR>",suche2.lastIndex)
document.write("<BR>suche2-3: ",suche2.exec(text))
document.write("<BR>",suche2.lastIndex)


suche2.compile("(wü)(s+)(te)\\b","ig")                  //(14)
document.write("<BR>suche2-1: ",suche2.exec(text))
document.write("<BR>",suche2.lastIndex)                 //(15)
document.write("<BR>suche2-2: ",suche2.exec(text))
document.write("<BR>",suche2.lastIndex)
document.write("<BR>suche2-3: ",suche2.exec(text))
document.write("<BR>",suche2.lastIndex)
```

Der Netscape-Browser erzeugt durch dieses Skript das folgende Dokument.

```
suche1: Wüste
0
suche2-1: wüsste
28
suche2-2: null
0
suche2-3: wüsste
28
suche2-1: wüsste,wü,ss,te
28
suche2-2: null
0
suche2-3: wüsste,wü,ss,te
28
suche2-1: Wüste,Wü,s,te
5
suche2-2: Wüste,Wü,s,te
16
suche2-3: wüsste,wü,ss,te
28
```

Beim Internet Explorer bis zur Version 5.0 funktioniert es nur bedingt. Erst wenn Sie statt *suche1.lastIndex* und *suche2.lastIndex* jedes Mal *RegExp.lastIndex* verwenden, sieht das Dokument so aus:

```
suche1: Wüste
5
suche2-1: wüsste
28
suche2-2: wüsste
28
suche2-3: wüsste
28
suche2-1: wüsste,wü,ss,te
28
suche2-2: wüsste,wü,ss,te
28
suche2-3: wüsste,wü,ss,te
28
suche2-1: Wüste,Wü,s,te
5
suche2-2: Wüste,Wü,s,te
5
suche2-3: Wüste,Wü,s,te
5
```

(1) Gesucht wird meistens in längeren Texten, deshalb zeigt diese Anweisung, wie ein Zeilenumbruch im Quellcode innerhalb einer Zeile bewerkstelligt werden kann. Dazu schreiben Sie an der gewünschten Stelle einen Backslash \ und drücken danach sofort die

⏎-Taste. Diese Folge \+ ⏎ wird vom JavaScript-Interpreter bei der Ausführung entfernt. Die Zeichenkette wird also am Anfang der nächsten Zeile fortgesetzt. Fügen Sie also keine «kosmetischen» Leerräume ein, um die Zeilen links auszurichten. Diese gehören dann nämlich mit zur Zeichenkette.

(2) Hier wird wieder ein regulärer Ausdruck festgelegt. Er beschreibt die Zeichenfolge *wü*, gefolgt von einem oder mehreren *s*, dem sich dann *te* und ein Wortzwischenraum anschließen. Beispielhafte Fundstellen wären *wüste*, *wüsste*, *wüssste* usw., denen aber ein Wortzwischenraum folgen muss. Neu ist hier der Buchstabe *i* hinter dem letzten Schrägstrich. Er ist ein so genanntes Flag (deutsch: Signalmarke), das die Art der Suche festlegt. Dabei steht das *i* für *ignoreCase* und bewirkt, dass beim Vergleich des Musters mit dem Text die Groß- und Kleinschreibung nicht berücksichtigt wird. Ein solches Flag muss direkt dem letzten Schrägstrich folgen.

(3) Eine weitere Möglichkeit, einen regulären Ausdruck festzulegen, zeigt diese Anweisung. Mit Hilfe des Operators *new* wird vom Konstruktor des Objekttyps *RegExp* ein Objekt erzeugt. Wichtig ist dabei, dass sowohl Muster als auch Flag als zwei separate Zeichenkettenparameter angegeben werden. Sie stehen also in Anführungszeichen und nicht innerhalb von Schrägstrichen und werden durch Komma getrennt. Wird kein Flag benötigt, so fehlt der zweite Parameter einfach. Da das Muster nun eine Zeichenkette darstellt, gelten auch die Regeln für Sonderzeichen. Damit der Backslash also auch als solcher enthalten ist, muss er als Escapesequenz (d. h. \\) geschrieben werden (siehe Seite 100). Diese Technik hat gegenüber dem Literal in (2) einen Vorteil. Während dieses Objekt nur einmal erzeugt wird und auch später geändert werden kann, muss ein Literal in jeder Anweisung von JavaScript intern in ein Objekt umgewandelt werden und kann auch nur durch ein anderes Literal ersetzt werden. Dies verlangsamt die Ausführung des Skripts. Das hier benutzte Flag *g* steht für *global* und bewirkt, dass sich das Muster für eine Folgesuche den nächsten Startpunkt in der Zeichenkette in der Eigenschaft *lastIndex* (siehe (5)) merkt.

(4) Hier wird die Methode *match* aufgerufen. Sie gehört zu *String*, also wird sie für das Objekt *suche1* gestartet. Als Parameter erhält sie ein Muster – hier ein Literal – übergeben. Ihr Rückgabewert ist die erste Fundstelle. (Genau genommen ist es ein Array, siehe Kapitel 7.1.4.) Weil laut Muster die Schreibweise missachtet wird, ist dies also

das erste Wort des Textes, wie Sie im Bild auf Seite 120 erkennen können.

(5) Anschließend wird die Eigenschaft *lastIndex* für das Muster aufgerufen. Sie enthält den Index des ersten Zeichens aus dem Text, das der Fundstelle folgt. Sie liefert hier den Wert 0, weil dieses Muster nur einmal angewendet wird und daher dieser Wert uninteressant ist. Für eine Folgesuche kann er jedoch als Startwert benutzt werden. Dazu ist aber das Flag *g* notwendig. Der Internet Explorer bis Version 5.0 weicht hier von der Sprachdefinition ab und interpretiert *lastIndex* als Klasseneigenschaft von *RegExp* und aktualisiert diese in jedem Fall. Deshalb muss hier statt *suche1.lastIndex* der Aufruf *RegExp.lastIndex* heißen, was dann 5 liefert. Von *suche1.-lastIndex* wird beim IE nur *undefined* angezeigt.

(6) Die Methode *exec* gehört zu *RegExp*. Sie wird deshalb für ein Muster – hier *suche2* – aufgerufen und erhält als Parameter den Suchtext übergeben. Gefunden wird *wüsste*, denn die Schreibweise wird ja bei fehlendem Flag *i* berücksichtigt.

(7) Für *suche2* wurde das Flag *g* festgesetzt. Deshalb merkt sich nun das Objekt den nächsten Startpunkt. Die Eigenschaft *lastIndex* liefert hier also den Wert 28.

(8) Wurde das Flag *g* gesetzt, sucht ein Folgeaufruf von *match* und *exec* ab *lastIndex* nach einer weiteren Fundstelle. Das Ergebnis ist *null*, da nichts mehr gefunden wurde. Der Internet Explorer weicht auch hier vom Sprachstandard ab und sucht immer von vorn. Deshalb liefert er erneut *wüsste*!

(9) Die Eigenschaft *lastIndex* hat jetzt den Wert 0, da das Ende des Textes erreicht wurde. Der Startindex für eine Folgesuche ist also jetzt das erste Zeichen mit dem Index 0.

(10) Der nächste Aufruf von *exec* sucht also wieder von vorn und ermittelt *wüsste* als Treffer.

(11) Auch *lastIndex* liefert wieder 28.

(12) Hier soll jetzt der reguläre Ausdruck des Objektes *suche2* verändert werden. Dazu wird die Methode *compile* aufgerufen. Sie erhält – wie der Konstruktor – bis zu zwei Parameter übergeben: das Suchmuster und das gewünschte Flag. Die Änderung besteht hier aus den eingefügten runden Klammern. Sie bewirken, dass bei einem Treffer nicht nur der ganze Fund, sondern auch die von den Klammern eingeschlossenen Teilketten verfügbar sind und ausgewertet werden können. Zur Demonstration werden hier drei

Klammerausdrücke festgelegt. Echten Nutzen bringt jedoch nur der mittlere, denn hier müsste nur später die Eigenschaft *length* verwendet werden, um die Anzahl der gefunden *s* zu ermitteln.

(13) Die Rückgabe besteht jetzt also aus dem Fund und den drei Einzelteilen. Die Kommas gehören übrigens weder zum Fund noch zu den Teilketten, sondern werden automatisch eingefügt, weil die Rückgabe in Wirklichkeit keine Zeichenkette, sondern ein Array darstellt. Ansonsten bleibt alles beim Alten, auch bei den Folgeaufrufen.

(14) Diese erneute Änderung des Musterobjektes besteht im zusätzlichen Flag *i*. Es ist egal, ob Sie *ig* oder *gi* angeben. Jetzt wird globale Suche ermöglicht, ohne die Schreibweise zu berücksichtigen.

(15) Deshalb wird als erster Treffer nun das erste Wort *Wüste* gefunden, und *lastIndex* gibt 5 an. Folgesuchen finden nun auch die anderen beiden Wörter.

Wie Sie gerade sehen konnten, funktioniert die Methode *exec* bei den Browsern unterschiedlich. Deshalb ist es wichtig, ein Skript immer mit den verschiedenen Browsern zu testen und gegebenenfalls spezifische Anweisungsblöcke je Browser zu schreiben. Das folgende, etwas längere Beispiel soll im Wesentlichen zwei Dinge zeigen:

- Identifikation der Browser und browserspezifische Anweisungen
- weitere Eigenschaften zu *RegExp*

Zur Demonstration definiert das Programm zu Beginn zwei längere Textvariablen mit einem Zitat aus *Der Herr der Ringe* von J.R.R. Tolkien.

```
// Bspl044.js
var text1 = "Die Straße gleitet fort und fort,<BR>\
     Weg von der Tür, wo sie begann,<BR>\
     Weit überland, von Ort zu Ort,<BR>\
     Ich folge ihr, so gut ich kann,<BR>\
     Ihr lauf ich raschen Fußes nach,<BR>\
     Bis sie sich groß und breit verflicht,<BR>\
     Mit Weg und Wagnis tausendfach.<BR>\
     Und wohin danach? Ich weiß es nicht.<BR>\
     -- J.R.R. Tolkien, Der Herr der Ringe"
```

```
var text2 = "Die Straße gleitet fort und fort,\n\
      Weg von der Tür, wo sie begann,\n\
      Weit überland, von Ort zu Ort,\n\
      Ich folge ihr, so gut ich kann,\n\
      Ihr lauf ich raschen Fußes nach,\n\
      Bis sie sich groß und breit verflicht,\n\
      Mit Weg und Wagnis tausendfach.\n\
      Und wohin danach? Ich weiß es nicht.\n\
      -- J.R.R. Tolkien, Der Herr der Ringe"          //(1)


var browser = navigator.appName                        //(2)
var ie= /internet explorer/i.test(browser)             //(3)
var ns = /netscape/i.test(browser)                     //(4)
var nr = 0                                             //(5)
var muster                                            //(6)
var temp                                              //(7)


if (!ie && !ns) {                                      //(8)
  ie = confirm("Ihr Browser wurde nicht erkannt.\n\
'OK' zeigt Optimierung für Explorer, 'Abbrechen' \
für Netscape")                                         //(9)
  ns = !ie                                            //(10)
}
document.write(text1,"<P>")
document.write("<PRE>",text2,"<\/PRE><P>")
muster = new RegExp(
"^\\s*(\\w{4})\\b.*\\b([A-Za-zÄÖÜäöüß]{3,}).*\\2,"
    ,"ig")                                            //(11)
document.write("<BR>",muster.source)                   //(12)
document.write("<BR>",RegExp.input)                    //(13)
if (ns) {                                             //(14)
  RegExp.multiline = true                              //(15)
  document.write("<BR>",muster.global)                 //(16)
  document.write("<BR>",muster.ignoreCase)             //(17)
  while(muster.exec(text2) != null
        && nr < 10) {                                  //(18)
    document.write("<BR>Fund Nr. ",
        ++nr," :")                                     //(19)
    document.write("<BR>",
        RegExp.leftContext)                            //(20)
    document.write("<BR>",
        RegExp.rightContext)                           //(21)
    document.write("<BR>",RegExp.lastParen)            //(22)
    document.write("<BR>",RegExp.lastMatch)            //(23)
    document.write("<BR>",RegExp.$1)                   //(24)
```

```
      document.write("<BR>",RegExp.$2)                    //(25)
      document.write("<BR>",muster.lastIndex)             //(26)
    }
  }
  else if (ie) {                                          //(27)
    while(text1.match(/<BR>|$/i) != null
          && text1.length > 0) {                          //(28)
      var p = RegExp.lastIndex                            //(29)
      temp = text1.substring(0,p)                         //(30)
      while(temp.match(muster) != null
            && nr < 10) {                                  //(31)
        document.write("<BR>Fund Nr. ",++nr," :")
        document.write("<BR>",
          temp.substring(0,
            RegExp.lastIndex))                             //(32)
        document.write("<BR>",RegExp.$1)
        document.write("<BR>",RegExp.$2)
        document.write("<BR>",RegExp.lastIndex)
        temp = temp.substring(
                RegExp.lastIndex)                          //(33)
        document.write("<BR>",temp)
      }
      text1 = text1.substring(p)                           //(34)
    }
  }
  else                                                     //(35)
    document.write("<H1>Browsererkennungsfehler<\/H1>")
```

(1) Beide Variablen enthalten im Prinzip den gleichen Text. Er wird im Quellcode durch die Folge von \ und Zeilenschaltung umbrochen. Für die Anzeige enthält *text1* einen HTML-Umbruch in Form des *BR*-Tags. Die führenden Leerstellen in den Folgezeilen werden von der HTML unterdrückt, gehören aber zum Text. Statt des *BR*-Tags enthält *text2* an den gleichen Stellen die Escapesequenz \n. Dadurch wird *text2* im Gegensatz zu *text1* zu einem mehrzeiligen Text. Jedoch wird dieser Zeilenumbruch ohne ein *PRE*-Tag von der HTML genauso unterdrückt wie die führenden Leerräume, die auch hier zum Text gehören. In den Anweisungen nach (10) werden die Texte zur Kontrolle ausgegeben. Das Programm muss später berücksichtigen, dass die letzte Zeile am Ende keinen Umbruch enthält.

(2) Die Identifikation des Browsers soll durch seinen Anwendungsnamen erfolgen. Daher wird diese Eigenschaft abgefragt und in der Va-

riablen *browser* gespeichert. Dies kann für Skripte manchmal nicht ausreichen. Um die Fähigkeiten der Browser zu unterscheiden, muss oft auch die Versionsangabe (siehe Kapitel 2.2) herangezogen werden.

(3) Die Variable *ie* enthält den logischen Wert, den die Methode *test* für das Muster */internet explorer/i* nach Durchsuchen der Variablen *browser* zurückgibt. Das ist *true*, wenn *browser* den Text *internet explorer* ohne Berücksichtigung der Schreibweise (Flag *i*) enthält.

(4) Enthält *browser* jedoch den Text *netscape*, so erhält *ns* durch *test* den Wert *true*.

(5) Die Variable *nr* soll später die Nummer der Fundstelle enthalten.

(6) Für das Suchmuster wird die Variable *muster* verwendet.

(7) Eine Teilkette des Textes wird nachher in *temp* gespeichert.

(8) Wenn sowohl *ie* als auch *ns* den Wert *false* enthalten, wird diese Bedingung wahr. Das heißt, der Browser wurde nicht erkannt. Dies kann daran liegen, dass es sich um eine ältere Version mit einem anderen Anwendungsnamen oder tatsächlich um einen anderen Browser handelt. Auf jeden Fall muss man sich überlegen, was dann zu tun ist.

(9) Hier wird deshalb eine Methode *confirm* aufgerufen. Sie erhält einen Textparameter, den sie in einem Dialogfeld anzeigt. Wird dieses über *OK* geschlossen, gibt es den Wert *true* zurück, ansonsten *false*. So hat der Anwender selbst die Möglichkeit, zwischen den beiden Browseroptimierungen zu entscheiden. Wählt er die falsche, so kann dies natürlich zu Problemen führen. Dieses *confirm*-Dialogfeld sieht beim Internet Explorer so aus:

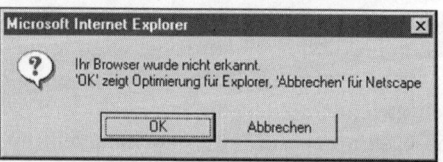

(10) Der Variablen *ns* wird durch den Negationsoperator (!) genau das Gegenteil von *ie* zugewiesen.

(11) Das Suchmuster wird als Objekt angelegt, damit keine ständige Umwandlung erfolgen muss. Es beschreibt einen Text, der am (Zeilen-)Anfang (^) mit keinem oder mehreren Whitespace-Zei-

chen (\s*) beginnt. Ihnen folgt eine Kombination aus genau 4 Buchstaben, Ziffern oder Unterstrichen (\w{4}), der sich ein Wortzwischenraum (\b) anschließt. Das Wort wird geklammert, um auf den Fund später zurückgreifen zu können. Dann dürfen beliebige Zeichen außer Zeilenvorschub (.*) folgen. Nach einem Wortzwischenraum (\b) sollen dann mindestens drei Buchstaben ([A-Za-zÄÖÜäöüß]{3,}) auftreten. Auch dieses Wort wird für die spätere Verwendung geklammert. Es sollen beliebige Zeichen (.*) und dasselbe Wort folgen, das in der 2. Klammer gefunden wurde (\2). Durch \2 wird nicht auf das Muster der 2. Klammer, sondern auf den dadurch zur Laufzeit gefunden Text Bezug genommen. Jeder Backslash muss natürlich als Escapesequenz \\ geschrieben werden. Außerdem werden im zweiten Parameter die Flags *g* und *i* gesetzt, um eine Mehrfachsuche unabhängig von der Schreibweise zu ermöglichen.

(12) Beide Browser erlauben es, über die Eigenschaft *source* des Ausdrucksobjektes das Suchmuster abzufragen.

(13) Ebenso kennen beide die Eigenschaft *input* des Objekttyps *RegExp*. Sie enthält eine Zeichenkette, die meistens vom Browser zugewiesen wird, und wird vom Muster durchsucht, wenn *test* oder *exec* ohne Parameter aufgerufen werden.

(14) Hier folgt der Anweisungsblock für den Netscape-Browser.

(15) Er kann den Text zeilenweise verarbeiten. Dazu muss jedoch die Eigenschaft *multiline* auf *true* gesetzt werden. Da dies eine Eigenschaft des Objekttyps ist, beeinflusst sie alle Suchen, auch die mit verschiedenen Objekten.

(16) Die Objekteigenschaft *global* kann nur gelesen werden und zeigt an, ob das Flag *g* gesetzt ist. Da es eine Objekteigenschaft ist, kann sie für jedes Objekt ein anderes Ergebnis liefern.

(17) Über *ignoreCase* kann ermittelt werden, ob für *muster* das Flag *i* gesetzt worden ist.

(18) Für die globale Suche wird die Methode *exec* verwendet. Sie sucht bei Folgeaufrufen ab der letzten Trefferstelle weiter und liefert *null* zurück, wenn nichts mehr gefunden wurde. Danach beginnt die Suche wieder von vorn, deshalb wird durch die Bedingung *!= null* die Schleife abgebrochen. Die Verknüpfung mit *nr < 10* ist hier willkürlich und soll ein Schutz gegen ungewollte Endlosschleifen sein.

(19) Zunächst wird die Nummer des Treffers angezeigt. Der Inkrement-

operator ++ steht hier vor der Variablen *nr*! Er erhöht auch jetzt den Wert von *nr* um 1, jedoch bevor er von *write* ausgegeben wird. Durch *nr*++ würde erst 0 angezeigt und dann 1 in *nr* gespeichert. Für den Dekrementoperator - - gilt Entsprechendes.

(20) Die Objekttyp- bzw. Klasseneigenschaft *leftContext* enthält den Text, der links von der gerade gefundenen Textstelle steht.

(21) In *rightContext* steht der Text, der sich rechts von der Fundstelle befindet.

(22) Die Klasseneigenschaft *lastParen* liefert den Textteil, der der letzten Klammer des Musters zuzuordnen ist, hier also dem Wort aus mindestens 3 Buchstaben.

(23) In *lastMatch* ist die durch das gesamte Muster gefundene Textstelle enthalten.

(24) Über die Eigenschaften *$1* bis *$9* kann auf die im Muster durch bis zu neun Klammern gekennzeichneten Stellen der gefundenen Texte zugegriffen werden. Dies geht auch über die Rückgaben von *exec* (siehe Kapitel 7.1.4). Hier enthält $1 den durch den ersten Klammerausdruck beschriebenen Teil, also ein Wort aus drei Zeichen.

(25) In *$2* steht das Wort der zweiten Klammer, das zweimal im Text vorkommen soll.

(26) Die Eigenschaft *lastIndex* ist in JavaScript eine Objekteigenschaft und wird daher für *muster* aufgerufen. Sie enthält bei gesetztem Flag *g* immer den Wert, der den Beginn der Folgesuche festlegt.

(27) Hier beginnt der Anweisungsblock für den Internet Explorer.

(28) Er kennt nicht die Eigenschaft *multiline* und kann nicht zeilenweise arbeiten. Deshalb wird hier manuell der Text in einzelne Zeilen zerlegt. Dazu wird das Zeilenende ermittelt, indem mittels *match* nach dem Tag *
* oder dem Textende ($) gesucht wird. In (34) wird dann der Text bei jedem Schleifendurchlauf durch den Rest ersetzt, bis keiner mehr übrig ist. Dann ist seine Länge 0, und die Schleife wird beendet. Dies würde auch für *text1* funktionieren, wenn *
* durch \n ersetzt würde.

(29) Bei diesem Browser ist *lastIndex* eine Klasseneigenschaft. Ihr Wert wird für spätere Zwecke in *p* gesichert, denn er ändert sich, sobald ein neuer Aufruf von *match* erfolgt. Wenn übrigens im Dialog für die Browsererkennung *OK* gedrückt wird, obwohl der nicht erkannte Browser *lastIndex* als Objekt- und nicht als Klasseneigenschaft ansieht, landet er wahrscheinlich hier in einer Endlosschleife.

(30) Vom Index 0 bis zur Position *p* – dem erkannten Zeilenende – wird die Teilkette extrahiert und in *temp* gespeichert. Diese Variable enthält bei jedem Schleifendurchlauf also die jeweils gefundene Zeile.

(31) In dieser Zeile wird nun mittels *match* mit Hilfe des Musters wie beim Netscape-Browser gesucht. Die Schleife läuft so lange, bis nichts mehr gefunden wird. Auch hier ist ein Schutz gegen Endlosschleifen enthalten.

(32) Der vom Muster beschriebene Treffer wird manuell angezeigt. Weil das Muster das Zeichen ^ enthält, kann daher die Zeichenkette vom Index 0 bis *lastIndex* angezeigt werden. Dies ist korrekt, da *substring* das Zeichen an der Position des zweiten Parameters ja nicht mehr benutzt.

(33) Die Zeile wird für den nächsten Durchlauf auf den noch nicht durchsuchten Rest verkürzt, indem *temp* der Zeichenkettenteil ab *lastIndex* zugewiesen wird. Es sei nochmals darauf hingewiesen, dass dies nur bei Browsern funktionieren kann, die *lastIndex* als Eigenschaft von *RegExp* ansehen.

(34) Mit Hilfe des in *p* gespeicherten Wertes wird der gesamte Text um die erste identifizierte Zeile gekürzt.

(35) Für alle Fälle enthält das Programm noch einen *else*-Zweig, der jedoch nur eine Fehlermeldung ausgibt. Normalerweise dürfte er nie durchlaufen werden, es sei denn, irgendein Browser erzeugt für *confirm* ein andersartiges Dialogfeld, das nicht nur *true* und *false* zurückgeben kann.

Vom Netscape-Browser wird ein Dokument erzeugt, von dem das folgende Bild einen Auszug zeigt.

```
^\s*(\w{4})\b.*\b([A-Za-zÄÖÜäöüß]{3,})).*\2,


true
true
Fund Nr. 1 :
Die Straße gleitet fort und fort, Weg von der Tür, wo sie
begann,
Ich folge ihr, so gut ich kann, Ihr lauf ich raschen Fußes
nach, Bis sie sich groß und breit verflicht, Mit Weg und
Wagnis tausendfach. Und wohin danach? Ich weiß es
nicht. -- J.R.R. Tolkien, Der Herr der Ringe
Ort
Weit überland, von Ort zu Ort,
Weit
Ort
110
```

Sie erkennen zuerst die Ausgabe der Eigenschaft *source,* der dann die
von *global* und *ignoreCase* folgen. Weil *input* nicht belegt ist, sehen Sie
eine Leerzeile. Weil am Anfang ein Wort aus drei Buchstaben stehen
soll und danach erst die beiden gleichen Wörter kommen sollen, wird
nur der Text *Weit überland, von Ort zu Ort,* gefunden. Die einzelnen Ausgaben lassen sich an Hand des Quellcodes leicht identifizieren.

Für den Internet Explorer sieht das Dokument auszugsweise so aus:

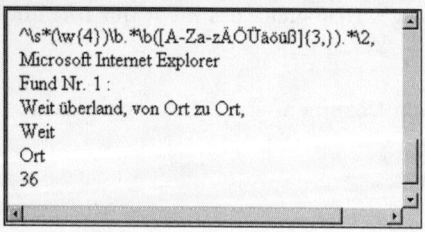

```
^\s*(\w{4})\b.*\b([A-Za-zÄÖÜäöüß]{3,})).*\2,
Microsoft Internet Explorer
Fund Nr. 1 :
Weit überland, von Ort zu Ort,
Weit
Ort
36
```

Hier folgt der Eigenschaft *source* ein Text, mit dem der IE die Eigenschaft *input* vorbelegt hat.

Noch ein paar Worte zu diesem Beispiel:
Es soll die weiteren Eigenschaften von regulären Ausdrucksobjekten
und die Arbeit mit den Methoden *exec* und *match* zeigen. Dies geht aber
nur beim Browser von Netscape, der sich streng an JavaScript hält. Für

den IE wird eine andere Technik eingesetzt, die unter Umständen für seine Nachfolgeversionen nicht mehr gilt. Diese kann daher auch ganz anders aussehen. Insbesondere bei anderen Suchmustern funktionieren die Schleifen meistens nicht mehr richtig. Deshalb ist bei Programmänderungen Vorsicht geboten, sonst entstehen Endlosschleifen, und die Browser reagieren nicht mehr.

6.5.4 Ersetzen

Auch das Suchen von Zeichenfolgen innerhalb der Texte und ihr Ersetzen durch neue Zeichenketten ist möglich. Dazu dient die *String*-Methode *replace*. Sie arbeitet ebenfalls mit den regulären Ausdrücken. Ein einfaches Beispiel sehen Sie im folgenden Skript. Seine Aufgabe besteht darin, in einem Text Umlaute und das ß durch die HTML-Konstrukte zu ersetzen.

```
// Bsp1045.js

var text = "Die Straße gleitet fort und fort,<BR>\
        Weg von der Tür, wo sie begann.<BR>\
        Weit überland, von Ort zu Ort,<BR>\
        Ich folge ihr, so gut ich kann,<BR>\
        Ihr lauf ich raschen Fußes nach,<BR>\
        Bis sie sich groß und breit verflicht,<BR>\
        Mit Weg und Wagnis tausendfach.<BR>\
        Und wohin danach? Ich weiß es nicht.<BR>\
        -- J.R.R. Tolkien, Der Herr der Ringe"

var sz = "&szlig;"                           //(1)
var ue = "&uuml;"

text = text.replace(/ß/g,sz)                 //(2)
text = text.replace(/ü/g,ue)
document.write(text)
```

(1) Die HTML-Beschreibungen der Zeichen werden als Variablen definiert. Da im Text nur ß und ü vorkommen, reichen diese zwei für das Beispiel.

(2) Hier erfolgt das Suchen und Ersetzen. Die Methode *replace* benutzt zwei Parameter: ein Suchmuster und den Ersatztext, durch den die gesamte Fundstelle ersetzt wird. Im Suchmuster wird nur dann je-

des Vorkommen ersetzt, wenn das Flag *g* angegeben wurde. Mit dem Flag *i* kann auch hier die Unterscheidung zwischen Groß- und Kleinschreibung unterdrückt werden. Die neue Zeichenfolge wird in *text* gespeichert und kann ein weiteres Mal bearbeitet werden.

Der Ersatztext lässt sich auch aus Teilen der jeweiligen Fundstelle zusammensetzen. Dies ermöglicht es, jede Fundstelle zu verändern, statt sie durch einen konstanten anderen Text zu ersetzen. Das nächste Beispiel nutzt dies, um jedes Wort aus drei Buchstaben rot anzuzeigen.

```
// Bsp1046.js

var text = "Die Straße gleitet fort und fort,<BR>\
     Weg von der Tür, wo sie begann,<BR>\
     Weit überland, von Ort zu Ort,<BR>\
     Ich folge ihr, so gut ich kann,<BR>\
     Ihr lauf ich raschen Fußes nach,<BR>\
     Bis sie sich groß und breit verflicht,<BR>\
     Mit Weg und Wagnis tausendfach.<BR>\
     Und wohin danach? Ich weiß es nicht.<BR>\
     -- J.R.R. Tolkien, Der Herr der Ringe"

var m = new RegExp("(\\b[^ß ][a-zäöüß]{2})([, ])"
          ,"ig")                                    //(1)
var neu =
  "<FONT COLOR=\"#FF0000\">$1<\/FONT>$2"            //(2)
text = text.replace(m,neu)                          //(3)
document.write(text)
```

Das Resultat sehen Sie im folgenden Bild. Die etwas helleren Wörter erscheinen auf dem Bildschirm in Rot.

(1) Diesmal wird das Muster wieder als Objekt angelegt, was aber nicht unbedingt notwendig ist. Es beschreibt eine Zeichenkette, die mit einem Wortumbruch beginnt, dem ein Zeichen folgt, das kein ß und kein Leerzeichen sein darf. Dann schließen sich 2 Buchstaben und ein Komma oder eine Leerstelle an. Das Flag *i* wird zusätzlich zu *g* gesetzt, damit nicht auch noch die Großbuchstaben angegeben werden müssen. Dieses Muster ist wegen der Umlaute und des ß so kompliziert, denn Letzteres wird zum Beispiel ebenfalls als Wortumbruchzeichen von regulären Ausdrücken angesehen. Es findet aber mit Erfolg jedes Wort aus drei Buchstaben, auch das am Textanfang.

(2) Die Variable *neu* speichert die Ersatzzeichenkette. Es handelt sich um das *FONT*-Tag mit dem *COLOR*-Attribut. Innerhalb dieser Zeichenkette werden zwei Platzhalter benutzt: *$1* und *$2*. Sie werden von *replace* durch die geklammerten Musterteile eines Treffers ersetzt. So enthält *$1* also immer das Wort selbst und *$2* das Trennzeichen, das heißt entweder das Komma oder eine Leerstelle. Für *$n* muss hier weder ein Objekt noch der Objekttyp angegeben werden.

(3) Durch den Methodenaufruf wird jetzt der neue Text zurückgegeben und gespeichert.

Im Ersatztext können über Platzhalter weitere Teile des Textes angesprochen werden. Sie entsprechen den von *RegExp* definierten Eigenschaften (siehe Kapitel 9.4).

$1, ..., $9	geklammerte Teilketten
$&	gesamte Fundstelle
$+	letzte geklammerte Teilkette
$`	Text links von der Fundstelle
$'	Text rechts von der Fundstelle

Für noch komplexere Ersetzungen kann als zweiter Parameter für *replace* auch eine Funktion definiert werden, die für jeden Treffer des Suchvorgangs individuell die Ersatzzeichenfolge berechnet. Dies funktioniert jedoch nur bei neueren Browsern, der Internet Explorer bis zur Version 5.0 verarbeitet es nicht.

```
// Bsp1047.js

var text = "Die Straße gleitet fort und fort,<BR>\
    Weg von der Tür, wo sie begann,<BR>\
    Weit überland, von Ort zu Ort,<BR>\
    Ich folge ihr, so gut ich kann,<BR>\
    Ihr lauf ich raschen Fußes nach,<BR>\
    Bis sie sich groß und breit verflicht,<BR>\
    Mit Weg und Wagnis tausendfach.<BR>\
    Und wohin danach? Ich weiß es nicht.<BR>\
    -- J.R.R. Tolkien, Der Herr der Ringe"

var m = /[AÖÜäöüß]/g
text = text.replace(m, function () {return "-"})
document.write(text)
```

In der markierten Anweisung sehen Sie als zweiten Parameter eine
Funktionsdefinition. Die Funktion wird an dieser Stelle definiert. Ihr
Aufruf erfolgt beim Aufruf von *replace*, nämlich dann, wenn die Parameter ausgewertet werden. Es handelt sich um eine anonyme Definition, denn dem Schlüsselwort *function* folgt kein Name, wohl aber das
Funktionen kennzeichnende Klammerpaar und der Funktionsblock in
geschweiften Klammern. Seine einzige Anweisung besteht aus dem *return*, das hier nur einen Trennstrich zurückgibt. Die von *return* gelie-
ferte Zeichenkette wird von *replace* als Ersatzkette benutzt.

Die Aufgabe dieser Funktion kann man natürlich schneller durch
text.replace(m, "-") erreichen. Dieses Beispiel soll aber auch nur den Aufbau einer solchen *inline*-Funktionsdefinition demonstrieren.

Im nächsten Skript sehen Sie eine komplexere Funktion. Sie sorgt
dafür, dass jedes gefundene Wort aus drei Buchstaben grün dargestellt
wird, wobei der Farbton mit jeder weiteren Fundstelle immer heller
wird. Auch dieses Beispiel funktioniert nicht bei allen Browsern.

```
// Bsp1048.js

var text = "Die Straße gleitet fort und fort,<BR>\
    Weg von der Tür, wo sie begann,<BR>\
    Weit überland, von Ort zu Ort,<BR>\
    Ich folge ihr, so gut ich kann,<BR>\
    Ihr lauf ich raschen Fußes nach,<BR>\
    Bis sie sich groß und breit verflicht,<BR>\
```

```
        Mit Weg und Wagnis tausendfach.<BR>\
        Und wohin danach? Ich weiß es nicht.<BR>\
        -- J.R.R. Tolkien, Der Herr der Ringe"

var n=16                                            //(1)
var m2 = /(\b[^ß ][a-zäöüß]{2})([, ])/ig
text = text.replace(m2, function mf(z,zz,zzz) {
        var nn = 0
        var fa = "<FONT COLOR =\"#00"
        var fm = "00\">"
        var fe = "<\/FONT>"
        nn=(n++)*6
        return fa+nn.toString(16)+fm+z+fe
        })                                          //(2)
document.write(text)
```

(1) Die Variable *n* wird global definiert und bei jedem Funktionsaufruf verändert. Sie wird dann für die Berechnung des Farbwertes benutzt.

(2) Die hier definierte Funktion ist nicht anonym, sondern trägt den Namen *mf*. Dieser darf auch fehlen. Sie erhält drei Parameter, von denen jedoch nur der erste benutzt wird. Wer will, kann die anderen daher weglassen. Die Werte, die bei jedem Ersetzvorgang diesen Parametern übergeben werden, liegen fest. Der erste erhält immer den gesamten Treffertext, der zweite gegebenenfalls den ersten Klammertreffer des regulären Ausdrucks, der dritte den zweiten usw. Die Funktion definiert Variablen für die Teile des *FONT*-Tags, die beim *return* mit dem Treffertext und dem Farbwert *nn* zum Ersatztext zusammengebaut werden.

Mit diesen Möglichkeiten dürfte es wahrscheinlich keine Aufgabenstellung beim Suchen und Ersetzen geben, die nicht von *replace* gelöst werden kann.

6.6 Zusammenfassung

In diesem Kapitel haben Sie die Arbeit mit Zeichenketten kennen gelernt. Die wichtigsten Fakten sind hier zusammengefasst.

▨ Es gibt Zeichenketten als Literale und als Objekte. Literale werden von Apostrophen oder Anführungszeichen eingeschlossen. Objekte gehören zum Typ *String* und werden durch *new* vom Konstruktor erzeugt.

▦ Objekte und Literale sind nicht dasselbe, sondern zeigen teilweise ein unterschiedliches Verhalten.

▦ Zeichenketten können Escapesequenzen für nicht druckbare Zeichen enthalten.

▦ Der Typ *String* definiert Eigenschaften und Methoden.

▦ Die wohl wichtigste Eigenschaft ist *length* und gibt die Anzahl Zeichen an. Sie kann nicht per Zuweisung geändert werden.

▦ Es gibt Methoden zur HTML-Formatierung und solche zur Textbearbeitung.

▦ Suchen und Ersetzen wird mittels regulärer Ausdrücke durchgeführt. Diese gehören zum Typ *RegExp*.

▦ Einfache Suchen erfolgen mittels *search* und *test*, komplexere durch *match* und *exec*.

▦ Eingaben können durch die Funktion *prompt* und Entscheidungen mittels *confirm* erfolgen.

6.7 Übungen

Aufgabe 28

Erstellen Sie ein Skript, das den Text *Willkommen* folgendermaßen darstellt:

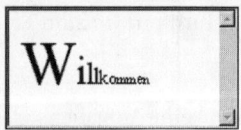

Tipp: Die Größe eines Textes wird für HTML von der Methode *fontsize* eingestellt.

Aufgabe 29

Ein Skript soll über *prompt* eine E-Mail-Adresse annehmen und prüfen, ob es eine echte Adresse sein kann. Dies soll geschehen, indem festgestellt wird, ob das Zeichen @ darin vorkommt. Fehlt es, soll per *alert* eine Meldung angezeigt werden.

Aufgabe 30

Schreiben Sie eine Funktion namens *firstUpper*, die in einem Parameter eine Zeichenkette übernimmt. Sie soll ein *String*-Objekt zurückgeben, bei dem stets der erste Buchstabe ein Großbuchstabe und der Rest Kleinbuchstaben sind.

7 Daten- und Berechnungsobjekte

Einige wichtige Datentypen werden immer wieder benötigt, zum Beispiel Zeichenketten, aber auch Datumsangaben und Arrays, zu Deutsch Felder. Hierfür stellt JavaScript spezielle Objekte bereit. Auch mathematische Formeln werden über ein Objekt angeboten. Diese wichtigen, zentralen Objekte sind Thema dieses Kapitels.

7.1 Arrays

Stellen Sie sich vor, Sie müssten die Temperaturen für jeden Tag eines Monats speichern. Mit den Techniken, die Sie bisher kennen gelernt haben, hätten Sie nur die Möglichkeit, für jeden Tag eine Variable anzulegen, beispielsweise *april1*, *april2* usw. Abgesehen von der anfallenden Schreibarbeit wäre so etwas ungeeignet, wenn man zum Beispiel die Durchschnittstemperatur für den Monat errechnen will: *(april1+april2+...+april30)/30*. Für jeden Monat müsste eine neue Formel angegeben werden. Die Lösung für solche Problemstellungen liefern Felder (engl. *array*). Ein Feld ist eine Sammlung von Daten, meistens ein und desselben Typs, manchmal verschiedenartiger Typen, die man unter einem gemeinsamen Namen ansprechen kann. Felder sind bei JavaScript auch Objekte. Das heißt, dass sie erzeugt werden müssen, bevor Daten gespeichert werden können. Das geschieht zum Beispiel mit der folgenden Zeile:

```
var temperatur = new Array(31)
```

Es wird ein Feld für 31 Daten erzeugt. Die Anzahl der Elemente des Feldes ist damit nicht festgelegt und kann sich noch ändern! Um im Programm auf die einzelnen Werte zuzugreifen, setzt man den Index in eckigen Klammern hinter den Namen der Variablen. Die Temperatur des vierten Tages wird dabei mit

```
temperatur[3] = 33.2
```

gespeichert. Trotz der [3] wird der vierte Wert belegt, denn JavaScript beginnt beim Index mit dem Wert 0. Das bedeutet, dass unser Beispielfeld von *temperatur[0]* bis *temperatur[30]* läuft. Sie müssen bei der Arbeit mit Arrays selbst darauf achten, dass Feldgrenzen nicht überschritten werden.

Nun aber zum ersten Beispiel für Felder.

```
// Bspl049.js

var temperatur                                   //(1)
var anzahl = 31                                  //(2)

temperatur = new Array(anzahl)                   //(3)

document.write("<PRE>")
document.writeln(temperatur.length)              //(4)
for (var i=0; i< temperatur.length;i++)          //(5)
   temperatur[i] = 0                             //(6)
temperatur[0] = 25.0                             //(7)
temperatur[1] = 33.2

temperatur[30] = 18.7                            //(8)
temperatur[32] = 19.8                            //(9)
document.writeln(temperatur[32])                 //(10
document.writeln(temperatur.length)              //(11)
document.write("<\/PRE>")
```

Die zwei Ausgabeanweisungen produzieren die folgende Bildschirmanzeige:

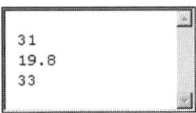

```
31
19.8
33
```

(1) Arrays werden in ganz normalen Variablen gespeichert.

(2) Mit der Variable *anzahl* soll die Größe des Feldes *temperatur* festgelegt werden.

(3) Ein Array wird in der durch die Variable *anzahl* festgelegten Größe erzeugt und in *temperatur* gespeichert. Das Array wird dadurch jedoch noch nicht mit Werten initialisiert. Es wird nur Speicher für 31 Daten bereitgestellt.

(4) Da Felder Objekte sind, haben sie auch Methoden und Eigenschaften. Eine davon heißt *length*. Sie enthält die Größe des Feldes, das heißt die Anzahl der Elemente in diesem Array. Mit *temperatur.length* wissen Sie also, wie viel Temperaturen gespeichert werden können.

(5) Arrays lassen sich leicht mittels Zählschleifen bearbeiten. Dabei läuft die Zählvariable von 0 bis *length - 1* bzw. bleibt kleiner als *length*.

(6) Die Initialisierung eines Elementes des Feldes erfolgt über den Index, der in eckigen Klammern steht. Hier wird das gesamte Array durch die Schleife mit 0 initialisiert.

(7) Der niedrigste Index ist 0.

(8) Der höchste erlaubte Index ist immer *length - 1*. Das entspricht hier der 30.

(9) Wie bereits gesagt, muss man selbst darauf achten, dass die zulässigen Indexwerte nicht überschritten werden. Wird bei der Zuweisung ein zu großer Index benutzt, wird das Array einfach passend vergrößert.

(10) Auch das Auslesen eines Feldwertes erfolgt per Index. Wird dabei ein zu großer Wert angegeben oder wurde das Element noch nicht initialisiert, wird *undefined* ausgegeben.

(11) Weil in (9) ein zu großer Index benutzt wurde, enthält das Array nun 33 Elemente.

Im nächsten Programm wird eine andere Technik vorgestellt, um Felder mit Werten zu initialisieren.

```
// Bspl050.js

var monate = ["Januar", "Februar", "März"]          //(1)
var pdaten = ["Claudia", 23, true]                  //(2)
var zahlen = new Array(31,28,30)                     //(3)

document.write("<PRE>")
document.writeln(monate[0])                          //(4)
document.writeln(monate[monate.length-1])           //(5)
```

```
document.writeln(monate.toString())                //(6)
document.writeln(monate.join())                    //(7)
document.writeln(monate.join(" -> "))              //(8)
monate.length = 2                                  //(9)
document.writeln(monate)                           //(10)
document.write("<\/PRE>")
```

Wenn Sie das Programm starten, erscheint folgendes Ergebnis:

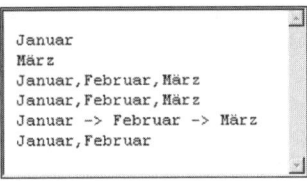

```
Januar
März
Januar,Februar,März
Januar,Februar,März
Januar -> Februar -> März
Januar,Februar
```

(1) In dieser Zeile wird ein Array-Literal benutzt. Es besteht aus drei Elementen – hier Zeichenketten –, die durch Komma getrennt aufgezählt und komplett von eckigen Klammern eingeschlossen werden. Das Literal wird in *monate* gespeichert.

(2) Die Elemente müssen nicht alle vom gleichen Typ sein. Zeichenketten, Objekte, Zahlen und logische Werte können in einem Array gespeichert sein.

(3) Auch beim Erzeugen eines Arrays kann über den Konstruktor eine Initialisierung vorgenommen werden. Dazu werden entweder alle Elemente einzeln als Parameter oder als ein Array-Literal angegeben.

(4) Die Initialisierung wird überprüft, indem das erste (Index 0)

(5) und das letzte Element (Index *length-1*) ausgegeben werden. Offensichtlich sind die Werte in genau der aufgeführten Reihenfolge gespeichert worden.

(6) Zum Ausgeben eines vollständigen Arrays kann die Methode *toString* verwendet werden. Sie wird auch automatisch benutzt, wenn Arrays wie Zeichenketten behandelt werden. Das Ergebnis ist ein Text, der alle Elemente durch Komma getrennt enthält.

(7) Auch die Methode *join* erzeugt eine solche Zeichenfolge.

(8) Ihr kann aber ein Textparameter mitgegeben werden, der statt des Kommas zur Trennung der einzelnen Elemente benutzt wird.

(9) Achtung, die Eigenschaft *length* lässt sich verändern! Hier wird sie

verkleinert. Dadurch wird das Array verkürzt, und Daten gehen verloren.

(10) Den Datenverlust zeigt diese Ausgabe. Hier wird indirekt von JavaScript *toString* eingesetzt.

7.1.1 Arrays ordnen

Listen möchte man üblicherweise in einer bestimmten Reihenfolge ordnen. Dies erleichtert ein Wiederfinden und ermöglicht erst bestimmte Verarbeitungen. Sollen beispielsweise monatliche Umsätze je Quartal zu einer Zwischensumme addiert werden, erfordert dies eine Sortierung nach Monaten. Für derartige Sortieraufgaben stehen zwei Methoden für Arrays bereit. Betrachten Sie dazu das folgende Skript.

```
// Bspl051.js

function numVergl(x, y) {                          //(1)
  return x-y
}
function numVerglRev(x, y) {                       //(2)
  return y-x
}


var namen = ["Julia", "Franz", "Martina"]
var pdaten = ["Claudia", "Trude", 23, 3,true, "treu"]
var zahlen = new Array(31,28,30,3,2)

document.write("<PRE>")
pdaten.sort()                                      //(3)
document.writeln(pdaten)
document.writeln()
zahlen.sort()                                      //(4)
document.writeln(zahlen.join("\t"))
zahlen.sort(numVergl)                              //(5)
document.writeln(zahlen.join("\t"))
zahlen.sort(numVerglRev)                           //(6)
document.writeln(zahlen.join("\t"))
namen.sort()
namen.reverse()                                    //(7)
document.writeln(namen)
document.write("<\/PRE>")
```

Es liefert die folgende Darstellung im Browserfenster.

```
23,3,Claudia,Trude,treu,true

2        28       3        30       31
2        3        28       30       31
31       30       28       3        2
Martina,Julia,Franz
```

(1) Die hier definierte Funktion wird später benutzt, um die Sortierfolge von numerischen Werten zu bestimmen. Solche Funktionen müssen zwei Parameter für die miteinander zu vergleichenden Zahlen übernehmen. Sie müssen einen negativen Wert zurückgeben, wenn der zweite hinter den ersten sortiert werden soll. Im umgekehrten Fall muss die Rückgabe positiv sein. Sind beide gleich, liefert *return* 0. Dies leistet für normale Sortierungen die einfache Differenz beider Werte. Ein komplexeres Beispiel zeigt *Bspl052.js*.

(2) Hier wird die Differenz umgekehrt. Es wird also ein negativer Wert geliefert, wenn x größer als y ist. Das heißt, y wird hinter x sortiert, wenn y kleiner als x ist. Die Sortierung erfolgt also vom größten zum kleinsten Wert.

(3) Die Methode *sort* verändert im Gegensatz zu vielen anderen das Array, für das sie aufgerufen wird. Dabei wird jedes Element für den Vergleich zuerst intern in eine Zeichenkette verwandelt und dann lexikalisch eingeordnet. Das bedeutet, dass Zahlen vor Buchstaben und Kleinbuchstaben hinter Großbuchstaben sortiert werden.

(4) Da Zahlen als Zeichenfolge behandelt werden, kommt also jede Zahl, die mit 2 beginnt, vor die Zahlen, deren erste Ziffer eine 3 ist.

(5) Über eine Vergleichsfunktion kann die Sortierfolge beeinflusst werden. Dazu wird nur der Name der Funktion angegeben. Ihre Definition muss den unter (1) genannten Regeln folgen. Durch Verwendung von *numVergl* werden die Zahlen nun korrekt numerisch sortiert.

(6) Wird für *sort* die Funktion *numVerglRev* angegeben, erhält man wie erwartet statt der aufsteigenden eine abfallende Sortierung.

(7) Das gleiche Ergebnis erhält man auch, wenn zuerst aufsteigend sortiert und danach die Methode *reverse* aufgerufen wird. Sie verändert das Objekt ebenfalls und dreht die Reihenfolge der Elemente des Arrays um.

Den Aufbau der Vergleichsfunktion soll das folgende Skript noch einmal demonstrieren. Es sortiert Texte ohne Berücksichtigung der Groß- und Kleinschreibung in aufsteigender Folge.

```js
// Bsp1052.js

function ignCase(x, y) {                          //(1)
   if (x.toLowerCase() < y.toLowerCase())         //(2)
      return -1
   else if (x.toLowerCase()
               > y.toLowerCase())                 //(3)
      return 1
   else                                           //(4)
      return 0
}


var texte = ["Ignaz", "ich", "Türkei",
        "mich", "Alaska", "Tür",
        "sortieren", "Sorry"]

document.write("<PRE>")
texte.sort()
document.writeln(texte)
texte.sort(ignCase)
document.writeln(texte)
document.write("<\/PRE>")
```

(1) Grundsätzlich muss eine solche Funktion mit zwei Parametern definiert werden, denn *sort* ruft sie immer für zwei zu vergleichende Werte auf, um zu ermitteln, in welche Reihenfolge sie zu bringen sind. Dabei richtet sich *sort* ausschließlich nach dem Rückgabewert der Funktion. Ist er negativ, wird der zweite Parameter hinter den ersten sortiert. Ist er positiv, wird der zweite vor den ersten eingeordnet. Ist er null, bleibt ihre relative Position zueinander erhalten.

(2) Durch dieses erste *if* wird nun die Regel manuell festgelegt. Wenn der in Kleinbuchstaben umgewandelte Text in *x* kleiner ist als der in *y*, wird *-1* zurückgegeben. Also wird *sort* nun *y* hinter *x* einsortieren. Statt *toLowerCase* können Sie natürlich auch *toUpperCase* verwenden. Wichtig ist nur, dass die Umwandlung der beiden Parameter einheitlich erfolgt.

(3) Im umgekehrten Fall wird jetzt *+1* von *return* geliefert. Deshalb wird *sort* dann *y* vor *x* einordnen.

(4) In allen anderen Fällen – es bleibt ja nur die Gleichheit – wird 0 zurückgegeben.

Wie Sie in folgendem Bild erkennen können, ordnet das einfache *sort* die Großbuchstaben vor die Kleinbuchstaben ein, während bei Verwendung der definierten Vergleichsfunktion das gewünschte Ergebnis erzeugt wird.

```
Alaska,Ignaz,Sorry,Tür,Türkei,ich,mich,sortieren
Alaska,ich,Ignaz,mich,Sorry,sortieren,Tür,Türkei
```

7.1.2 Elemente bearbeiten

Arrays können auch elementweise bearbeitet werden. So können Elemente am Anfang, am Ende oder an irgendeiner Stelle entfernt werden. Auch Anfügungen am Anfang und am Ende sind genauso möglich wie Einschübe an beliebiger Position. Dabei wird das Original-Array, insbesondere seine Größe, immer verändert.

Andere Methoden ermöglichen es, mehrere Arrays zu einem neuen zusammenzubauen. Oder ein neues Array wird aus einem Teil eines anderen gebildet. Auch lassen sich Plätze in einem Array frei machen. Diese Methoden stellt das Skript *Bspl053.js* vor.

```javascript
// Bspl053.js

var ar1 = ["Hai","Barsch","Lachs","Forelle","Hering"]
var ar2 = ["Eiche","Buche","Linde","Ahorn","Birke"]
var ar3 = ["Specht","Falke","Elster"]
var ar4

document.write("<PRE>")
ar4 = ar1.concat(ar2, ar3)                    //(1)
document.writeln(ar4)
document.writeln(ar1.pop())                   //(2)
document.writeln(ar1)                         //(3)
```

```
ar4 = ar1.unshift(ar2[1],ar2[2])                    //(4)
document.writeln(ar4)
document.writeln(ar1)                                //(5)
document.writeln(ar1.slice(2,3))                     //(6)
document.writeln(ar1)                                //(7)
document.writeln(ar2.splice(2,3))                    //(8)
document.writeln(ar2)
document.writeln(ar1.splice(2,3,
                ar3[0],ar3[1]))                      //(9)
document.writeln(ar1)
delete ar1[1]                                        //(10)
document.writeln(ar1)                                //(11)
document.writeln(ar1[1])                             //(12)
document.write("<\/PRE>")
```

Von ihm wird das folgende Dokument erzeugt.

```
Hai,Barsch,Lachs,Forelle,Hering,Eiche,Buche,Linde,Al
Hering
Hai,Barsch,Lachs,Forelle
6
Buche,Linde,Hai,Barsch,Lachs,Forelle
Hai
Buche,Linde,Hai,Barsch,Lachs,Forelle
Linde,Ahorn,Birke
Eiche,Buche
Hai,Barsch,Lachs
Buche,Linde,Specht,Falke,Forelle
Buche,,Specht,Falke,Forelle
undefined
```

(1) Die Methode *concat* verändert kein Array, sondern erzeugt ein neues, das hier in *ar4* gespeichert wird. Dieses entsteht dadurch, dass alle als Parameter aufgeführten Felder und das Objekt, für das *concat* aufgerufen wird, aneinander gehängt werden. Die erste Zeile der Ausgabe zeigt, dass die Reihenfolge derjenigen im Aufruf entspricht.

(2) Die Methode *pop* erledigt gleich zwei Dinge. Sie gibt das letzte Element eines Arrays zurück und entfernt es auch daraus, sodass das Feld nachher kürzer ist. Die Ausgabe liefert hier also *Hering*.

(3) Dieses Element fehlt nun im Array, wie Sie an der dritten Zeile des Dokumentes sehen können. Das Gegenstück zu *pop* heißt *shift* und macht das Gleiche mit dem ersten Element eines Arrays.

(4) Mit Hilfe von *unshift* und seinem Äquivalent *push* können Elemente angefügt werden. Dazu werden beliebig viele einzelne Elemente als Parameter der jeweiligen Methode mitgegeben. Diese werden dann von *unshift* vor das erste und von *push* hinter das letzte Element eingebaut. Beide geben die neue Größe des Arrays zurück. Deshalb steht in der 4. Zeile des Browserfensters die 6.

(5) Wie Sie in der 5. Zeile sehen, wurde *ar1* tatsächlich verändert. Kopien des 2. und 3. Elementes aus *ar2* stehen nun in der Reihenfolge der Parameter am Anfang.

(6) Der Objekttyp *Array* verfügt wie *String* über eine Methode *slice*, die entsprechend funktioniert (siehe Kapitel 5.4.2). Die angegebenen Parameter dienen als Index für das Array. Es wird hier ein neues Array geliefert, das aus dem dritten bis vierten Element von *ar1* besteht, wobei das durch den zweiten Parameter angegebene Element schon nicht mehr dazugehört. Deshalb steht in der 6. Zeile nur das Wort *Hai*.

(7) Wie die 7. Zeile zeigt, wurde das Original-Array von *slice* nicht verändert.

(8) Sollen Elemente im Mittelteil eines Arrays bearbeitet werden, dann muss man *splice* aufrufen. Diese Methode entfernt Elemente und kann dabei auch gleich neue einsetzen. Hier werden ab dem Index 2, also vom dritten Element an, genau drei Elemente entfernt und als Teilarray von der Methode zurückgegeben. Die 8. Zeile lautet daher *Linde,Ahorn,Birke*. Das Array besteht danach nur noch aus *Eiche* und *Buche*, wie die 9. Zeile zeigt.

(9) Hier erhält *splice* zusätzliche Parameter. Diese werden als neue Elemente für die entfernten eingebaut. Die Rückgabe stellt die entfernten Elemente dar. Zur weiteren Verarbeitung kann man sie in Variablen speichern oder – wie hier als 10. Zeile – ausgeben. Die nächste Zeile des Dokumentes zeigt deutlich, dass das erste und zweite Element von *ar3* dort eingebaut wurden, wo Elemente entfernt wurden.

(10) Einzelne Elemente kann man mit Hilfe des Operators *delete* löschen.

(11) Diese Ausgabe entspricht der vorletzten Dokumentzeile. Wie Sie sehen, fehlt das Element, denn es folgen zwei Kommas hintereinander. Die Größe des Arrays hat sich aber nicht geändert.

(12) Wird versucht, dieses Element anzusprechen, erhält man *undefined*.

7.1.3 Zeichenketten als Arrays

In einigen Programmiersprachen sind Zeichenketten nichts anderes als Arrays. Aus historischen Gründen bieten daher viele Programmiersprachen Möglichkeiten, die Texte nach wie vor als Arrays anzusprechen. Auch Umwandlungen zwischen diesen beiden Typen sind bei JavaScript möglich.

Im nächsten Skript werden die einzelnen Zeichen eines Textes wie die Elemente eines Arrays über einen Index angesprochen. Außerdem wird er in ein Array umgewandelt. Die Konvertierung eines Arrays in einen Text kennen Sie bereits in den Methoden *toString* und *join*.

```
// Bsp1054.js

var text = "Dies ist ein kurzer Satz."
var ar

document.write("<PRE>")
for (var i=0; i < text.length;i++)
  document.write(text[i]+" ")                        //(1)
document.writeln()
ar = text.split(" ")                                 //(2)
for (var i=0; i < ar.length;i++)
  document.writeln(ar[i])
ar = text.split(" ",3)                               //(3)
for (var i=0; i < ar.length;i++)
  document.writeln(ar[i])
document.write("<\/PRE>")
```

(1) Hier wird die Zeichenkette *text* einfach wie ein Array behandelt. Über einen Index, der von 0 bis *length - 1* läuft, wird sie Zeichen für Zeichen, gefolgt von einer Leerstelle, ausgegeben. Dies ermöglicht auf einfache Art eine zeichenweise Verarbeitung von Texten, ohne eine Umwandlung vornehmen zu müssen.

(2) Mit Hilfe der Methode *split* der Zeichenketten kann man einen Text in Stücke zerlegen, die dann die Elemente eines Arrays bilden. Der angegebene Parameter dient als Trennzeichen und legt die Stellen fest, an denen der Text geteilt wird. Er selbst gehört nicht mehr zum Element und wird aus der Zeichenfolge entfernt. Durch diese Leerstelle wird also zwischen den Wörtern getrennt, sodass jedes von ihnen zu einem Array-Element wird. Fehlt der Parameter, dann ent-

steht ein Array aus nur einem Element, nämlich dem ganzen Text. Ein so genannter Nullstring ("") separiert jedes einzelne Zeichen.

(3) Durch einen zweiten Parameter kann man die maximal gewünschte Anzahl an Arrayelementen festlegen.

Zum Vergleich sehen Sie im nächsten Bild das vom Skript erzeugte Dokument.

> *Hinweis*:
> Statt eine konstante Zeichenkette als Trennzeichen anzugeben, können Sie auch einen regulären Ausdruck einsetzen. Die Fundstellen werden dann entfernt, und aus den Teilen wird ein Array gebildet.

```
Dies    ist    ein    kurzer    Satz.
Dies
ist
ein
kurzer
Satz.
Dies
ist
ein
```

7.1.4 Arrays bei Suchergebnissen

Wie bereits im Zusammenhang mit den Suchmethoden *exec* und *match* im Kapitel 6.5.3 erwähnt wurde, bestehen die Rückgaben dieser Zeichenkettensuchen aus Arrays. Ihre Besprechung soll jetzt nachgeholt werden. Dazu wird auf das Beispiel 43 zurückgegriffen. Mit einigen wenigen Änderungen sieht es so aus:

```
// Bspl055.js (Bspl043.js)
var text = "Wüste, nur Wüste, ich wüsste \
gern, wo Wasser ist."

var suche2 = new RegExp("(wü)(s+)(te)\\b","gi")
```

```
var erg

document.write("<PRE>")
erg = text.match(suche2)                            //(1)
for (var i = 0;i < erg.length; i++)
  document.writeln(erg[i])                          //(2)
document.writeln()
erg = suche2.exec(text)                             //(3)
for (var i = 0;i < erg.length; i++)
  document.writeln(erg[i])                          //(4)
document.write("<\/PRE>")
```

Die einzelnen Elemente dieser Ergebnisarrays werden vom Skript als
separate Zeilen ausgegeben.

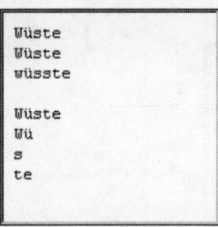

(1) Von *match* wird hier ein Array geliefert, das auf Grund der gesetzten
    Flags *g* und *i* alle Fundstellen enthält.
(2) Durch diese Zählschleife werden sie nacheinander in der aufgefun-
    denen Reihenfolge ausgegeben.
(3) Auf Grund des gesetzten Flags *g* kann die Methode *exec* für die glo-
    bale Suche mehrmals aufgerufen werden. Hier liefert sie ein Array,
    das Informationen über die erste Fundstelle enthält.
(4) Die Elemente werden ausgegeben. Das erste (Index 0) enthält im-
    mer den Treffer selbst. Wurde nichts gefunden, dann wäre *erg* gleich
    null. Danach folgen so viel Elemente, wie Klammern im regulären
    Ausdruck enthalten sind. Jedes von ihnen enthält den einer sol-
    chen Klammer entsprechenden Text.

7.1.5 Mehrdimensionale Arrays

Die Arrays, die Sie bisher kennen gelernt haben, werden durch einen einzigen Index bzw. durch eine einzige Größenangabe beschrieben. Man spricht auch von eindimensionalen Arrays. Solche mit mehreren Indexen heißen multidimensionale Arrays, wobei jeder Index einer Dimension entspricht. Das folgende Skript zeigt, wie ein zweidimensionales Array-Literal definiert und wie ein Objekt mit zwei Dimensionen erzeugt werden kann.

```
// Bspl056.js

var ar1 = [[4,5],[0,3],[22,0]]                    //(1)
var ar2 = new Array(4)                            //(2)

document.write("<PRE>")
for (var i=0; i < ar1.length;i++) {               //(3)
   document.writeln()
   for (var j=0; j < ar1[i].length;j++)           //(4)
     document.write(ar1[i][j]+" ")                //(5)
}
document.writeln()
for (var i=0; i < ar2.length;i++) {               //(6)
   ar2[i] = new Array(3)                          //(7)
   for (var j=0; j < ar2[i].length;j++)           //(8)
     ar2[i][j] = (i+1)*(j+1)                      //(9)
}
for (var i=0; i < ar2.length;i++) {               //(10)
   document.writeln()
   for (var j=0; j < ar2[i].length;j++)
     document.write(ar2[i][j]+" ")
}
document.write("<\/PRE>")
```

Schauen Sie sich zunächst einmal das Ergebnis im Bild an.

```
4  5
0  3
22 0

1  2  3
2  4  6
3  6  9
4  8  12
```

(1) Hier handelt es sich um ein Array-Literal, erkennbar an den äußeren, eckigen Klammern. Es besteht aus den drei Elementen *[4,5]*, *[0,3]* und *[22,0]*, von denen jedoch jedes wieder ein Array-Literal ist, denn sie sind auch von eckigen Klammern eingeschlossen. So entsteht durch einfache Verschachtelung ein zweidimensionales Array.

(2) Auch *ar2* soll ein Array mit zwei Dimensionen werden. Beim Konstruktor kann jedoch nur die Größe der ersten Dimension festgelegt werden.

(3) Das Array *ar1* soll Element für Element angezeigt werden. Dazu werden zunächst mittels Zählschleife die Elemente der obersten Ebene, das heißt des äußeren Klammernpaares durchlaufen.

(4) Weil jedes Element wiederum ein Array ist, wird eine zweite Schleife benötigt, die diese vom Anfang bis zum Ende durchlaufen. Diese Schleife muss Bestandteil des Schleifenkörpers der äußeren sein, damit sie für jedes Array wiederholt wird. Die Elementarrays können über den ersten Index als *ar1[i]* angesprochen werden.

(5) Um jedes Element dieser Elementarrays anzusprechen, wird ein weiterer Index benötigt. Er wird in eckigen Klammern hinter den anderen geschrieben. Vertauschen Sie die beiden Indexe nicht. Der erste gilt für das äußere Klammernpaar und läuft von 0 bis 2, während der zweite für die inneren Paare gilt und die Werte 0 und 1 annimmt.

(6) Beim Erzeugen und Initialisieren des Objektes wird genauso verfahren. Die Zählschleife durchläuft alle Elemente der ersten Dimension.

(7) Für jedes wird hier ein Array aus drei Elementen erzeugt. Dies führt zu einer Verschachtelung wie beim Literal.

(8) Diese müssen natürlich mit Werten gefüllt werden. Dazu dient eine innere Zählschleife. Jedes Array wird wieder über einen Index angesprochen.

(9) Über zwei Indexe wird auch hier jedes Element angesprochen. Es wird einfach willkürlich ein Wert aus den aktuellen Indexen berechnet und dem jeweiligen Element zugewiesen.

(10) Die Ausgabe des Objektes erfolgt wie beim Literal.

Jede weitere Dimension bedeutet einen weiteren Index und eine zusätzliche Schachtelungstiefe bei den Array-Elementen und den benötigten Zählschleifen.

7.2 Datums- und Zeitangaben

Zeit- und Datumsangaben stellen in nahezu jeder Programmiersprache ein Problem dar, nicht umsonst gab ja es schließlich das «Jahrtausendproblem». Einige kennen einen eigenen Datumstyp, andere verwenden eine Ganzzahl für Zeitangaben, und objektorientierte Sprachen kennen Datumsklassen.

Wenn Computer Zeitangaben miteinander vergleichen oder untereinander austauschen sollen, dann müssen sie verschiedene Aspekte berücksichtigen, die sich aus den Maßsystemen und nationalen Bestimmungen ergeben. Außerdem benötigen sie einen einheitlichen Vergleichswert. Die internationale Zeitmessung erfolgt nach der UTC (Universal Time Coordinated). Sie basiert auf einer Atomzeitskala und verwendet Schaltsekunden, um kleine Abweichungen auszugleichen. Die Computeruhren richten sich in der Regel nach der UT (Universal Time). Diese Weltzeit wird aufgrund astronomischer Beobachtungen korrigiert. Eine andere Bezeichnung ist GMT (Greenwich Mean Time), was UT entspricht. Sie gilt für den geografischen Bereich um den nullten Längengrad. Für andere Regionen gilt je nach Längengrad eine Zeitverschiebung. Für Deutschland beträgt sie +1 Stunde. Während der Sommerzeit kommt durch die Zeitumstellung eine Stunde hinzu. Damit Vergleiche zwischen Datumsobjekten korrekte Ergebnisse liefern, müssen verschiedene Zeitzonen auf einen gemeinsamen Nenner gebracht werden. Für JavaScript bedeutet dies, dass jedes Datum intern als Anzahl Millisekunden (= $^1/_{1000}$ Sek.) seit dem 1. Januar 1970 0:00 Uhr GMT gespeichert wird. Ist ein Wert kleiner als ein anderer, so liegt das zugehörige Datum vor dem anderen. Zwei Datumsangaben sind nur dann gleich, wenn sie durch die gleichen Millisekundenangaben festgelegt werden.

Eine wohl am häufigsten wiederkehrende Aufgabe besteht darin, das Rechnerdatum inklusive Uhrzeit abzufragen. Das folgende Programm stellt dies unter anderem vor.

```
// Bsp1057.js

var jetzt = new Date()                    //(1)
var datum1 = new Date(0)                  //(2)
var silvester01 = new Date(2001,11,31
        ,23,59,59,999)                    //(3)
```

```
var datum2 = new Date(
    "Sun, 1 Dec 2001 19:00:00 GMT+0100")            //(4)
var datum3 = new Date("31/12/2001")                 //(5)

document.write(jetzt)                               //(6)
document.write("<BR>",
        jetzt.toLocaleString())                     //(7)
document.write("<BR>",jetzt.toUTCString())          //(8)
document.write("<BR>",silvester01)
document.write("<BR>",datum1)
document.write("<BR>",datum2)
document.write("<BR>",datum3)                       //(9)
document.write("<BR>",
        Date.parse("1.1.2002"))                     //(10)
```

Je nach Browser werden Sie unterschiedliche Darstellungen für Datumsangaben vorfinden. Dies kommt zum einen in der benutzten Sprache, zum anderen in der Zeitzonenbezeichnung zum Ausdruck. Deshalb kann das folgende Bild wieder nur beispielhaften Charakter haben.

```
Sat Apr 14 17:19:44 GMT+0200 ((MEZ) - Mitteleurop. Sommerzeit) 2001
Saturday, April 14, 2001 17:19:44
Sat, 14 Apr 2001 15:19:44 GMT
Mon Dec 31 23:59:59 GMT+0100 ((MEZ) Mitteleuropäische Zeit) 2001
Thu Jan 01 01:00:00 GMT+0100 ((MEZ) Mitteleuropäische Zeit) 1970
Sat Dec 01 19:00:00 GMT+0100 ((MEZ) Mitteleuropäische Zeit) 2001
Sat Jul 12 00:00:00 GMT+0200 ((MEZ) - Mitteleurop. Sommerzeit) 2003
NaN
```

(1) Datumsangaben sind Objekte. Deshalb werden sie grundsätzlich über den Konstruktor des Datumstyps *Date* durch den Operator *new* erzeugt. Ohne Parameterangabe liefert der Konstruktor immer die aktuelle Computerzeit. Dies ist natürlich die Zeit auf dem Rechner, auf dem der Browser läuft, nicht die des Servers.

(2) Der Konstruktor arbeitet auch mit ganzen Zahlen als Parameter. Sie werden als Anzahl Millisekunden seit dem 1.1.1970 um 0 Uhr interpretiert. Durch den Wert 0 wird also genau dieses Datum erzeugt. Negative Werte beschreiben Datumsangaben vor und positive solche ab 1970.

(3) Es wäre mühsam, ein Datum anzugeben, wenn man jedes Mal vorher zuerst die entsprechenden Millisekunden ermitteln müsste. Deshalb können auch Jahres-, Monats-, Tagesangaben usw. beim Konstruktor angegeben werden. Der erste Parameter entspricht dabei immer der Jahreszahl, der letzte ist hier die Millisekundenangabe. Die ersten drei Parameter für Jahr, Monat und Tag müssen auf jeden Fall übergeben werden, wobei die Monatszählung bei 0 für den Januar beginnt! Die Zeitangaben können ganz oder teilweise fehlen.

(4) Auch Zeichenketten können verwendet werden, um Datumsobjekte zu initialisieren. Sie müssen jedoch einen ganz bestimmten Aufbau haben, damit sie korrekt umgewandelt werden können. Die hier übergebene Textdarstellung entspricht einer vollständigen Angabe. Teile wie Zeitzone, Uhrzeit oder Wochentag können wieder fehlen. Wichtig ist aber, dass die Monats- und Wochentagsangaben in Englisch erfolgen.

(5) Auch die englische Kurzform nach dem Muster MM/TT/JJJJ ist möglich. Hier wurde jedoch absichtlich ein fehlerhafter Wert eingesetzt, denn den Monat 31 gibt es ja nicht.

(6) Werden Datumsobjekte ausgegeben, dann werden sie vorher automatisch in eine Zeichenkettendarstellung umgewandelt. Dazu benutzt JavaScript intern die Methode *toString*. Das Ergebnis ist eine längere Folge von Wochentag, Monat, Tag, Uhrzeit, Zeitzonenangaben als Zeitverschiebung und Namen sowie der Jahreszahl.

(7) Ruft man selbst die Methode *toLocaleString* für ein Objekt auf, so erhält man die Ortszeitangabe. Diese Zeichenkette enthält keine Zeitzonenbeschreibung.

(8) Durch *toUTCString* wird die entsprechende Zeit für den nullten Längengrad als Text angezeigt. Hierfür gibt es auch die Methode *toGMTString*, die jedoch nicht mehr benutzt werden sollte. Sie wird nämlich irgendwann nicht mehr unterstützt.

(9) Hier wird das fehlerhafte Datum als 12. Juli 2003 angezeigt. Wie lässt sich das erklären? Ganz einfach: 31 Monate (= 2 * 12 + 7), ab Jahresanfang 2001 gezählt, bezeichnen den Juli 2003.

(10) Ob eine Zeichenkettenform eines Datums in ein Datumsobjekt umgewandelt werden kann, lässt sich mit der Methode *Date.parse* prüfen. Diese Methode wird auch vom Konstruktor intern benutzt. Kann das Format nicht gelesen werden, liefert *parse NaN* zurück, ansonsten die Millisekundenangabe des Datums.

Als Letztes soll Ihnen das nächste Skript zeigen, wie mit den Datumsobjekten gerechnet werden kann.

```
// Bspl058.js

var jetzt = new Date()
var silvester = new Date(jetzt.getFullYear(),
                12,31)                                    //(1)
var sek, min, std, tage, temp

document.write(jetzt)
document.write("<BR>",silvester)
temp = silvester-jetzt                                    //(2)
document.write("<BR>",temp)
temp = Math.floor(temp /1000)                             //(3)
sek = temp % 60                                           //(4)
temp = Math.floor(temp /60)
min = temp % 60
temp = Math.floor(temp /60)
std = temp % 24
temp = Math.floor(temp /24)
tage = temp
document.write("<BR>Noch ",tage," Tage, ",std,
              " Stunden, ",min," Minuten und ",
              sek," Sekunden bis Silvester")
jetzt.setDate(jetzt.getDate()+24)                         //(5)
document.write("<BR>In 24 Tagen ist ",
              jetzt.toLocaleString())
```

Auch hier zeigt das Bild nur ein Beispiel, wie die Texte aussehen können.

```
Sat Apr 14 17:19:12 GMT+0200 ((MEZ) - Mitteleurop. Sommerzeit) 2001
Thu Jan 31 00:00:00 GMT+0100 ((MEZ) Mitteleuropäische Zeit) 2002
25170047540
Noch 291 Tage, 7 Stunden, 40 Minuten und 47 Sekunden bis Silvester
In 24 Tagen ist Tuesday, May 08, 2001 17:19:12
```

(1) Dieses Datumsobjekt beschreibt Silvester des aktuellen Jahres. Statt
    eine feste Jahreszahl im Konstruktor anzugeben, wird immer die
    des aktuellen Datums eingesetzt. Sie lässt sich mit Hilfe einer so ge-

nannten *get*-Methode ermitteln. Von *getFullYear* wird die vierstellige Jahreszahl geliefert. Die ältere Methode *getYear* gab die zweistellige Angabe zurück, soll aber wegen des Millennium-Problems nicht mehr verwendet werden. Für jede Datumskomponente gibt es eine passende *get*-Methode (siehe Kapitel 9.4).

(2) Durch einfache Differenzbildung kann der Zeitunterschied zwischen zwei Datumsobjekten in Millisekunden berechnet werden.

(3) Die Millisekunden sollen in Tage, Stunden, Minuten und Sekunden umgerechnet werden. Zur weiteren Umrechnung werden die Sekunden durch Division der Millisekunden durch 1000 errechnet. Um den Dezimalanteil zu eliminieren, wird immer abgerundet (siehe Kapitel 7.3).

(4) Der Rest einer Division durch 60 ergibt die Anzahl Sekunden einer noch nicht vollen Minute. Die anschließende Division durch 60 ergibt dann die Gesamtminuten. Entsprechend werden Minuten bis zur vollen Stunde, Stunden bis zum vollen Tag usw. ausgerechnet. Wenn Sie das Ergebnis in der Abbildung nachrechnen, dann denken Sie an den Sommerzeitwechsel.

(5) Zusätzlich zu den *get*-Methoden gibt es für jede Datumskomponente eine *set*-Methode. Mit ihr kann man Teile eines Datumsobjektes verändern. Hier wird der Monatstag verändert, indem der aktuelle zuerst durch *getDate* ermittelt und dann um 24 Tage verschoben wird. Das Objekt enthält jetzt, auch wenn dadurch der Monat wechselt, wieder ein gültiges Datum.

7.3 Mathematische Berechnungen

Mathematische Berechnungen, für die kein Operator zur Verfügung steht, werden mit Hilfe der Methoden der Klasse *Math* erledigt. Dazu zählen die Potenzrechnung, die Bestimmung von Minimum und Maximum, die Winkelfunktionen, die Quadratwurzelberechnung usw. Das folgende Programm zeigt ein paar Beispiele.

```
// Bsp1059.js

var r = 10, a = 2.5, b = 3, c = -4

document.write("<PRE>")
```

```
with (Math) {
    document.writeln("Kreisumfang: ",2*r*PI)                    //(1)
    document.writeln("Minimum von a und b: "
              ,min(a,b))                                        //(2)
    document.writeln("Maximum von a und b: "
              ,max(a,b))                                        //(3)
    document.writeln("Absolutwert von c: "
              ,abs(c))                                          //(4)
    document.writeln("a/b gerundet: "
              ,round(a/b))                                      //(5)
    document.writeln("c/b nach oben ger.: "
              ,ceil(c/b))                                       //(6)
    document.writeln("c/b nach unten ger.: "
              ,floor(c/b))                                      //(7)
    document.writeln("c zum Quadrat: "
              ,pow(c,2))                                        //(8)
    document.writeln("Ein Zufallswert: "
              ,random())                                        //(9)
}
document.write("<\/PRE>")
```

Seine Ausgabe sehen Sie in dieser Abbildung:

```
Kreisumfang: 62.83185307179586
Minimum von a und b: 2.5
Maximum von a und b: 3
Absolutwert von c: 4
a/b gerundet: 1
c/b nach oben ger.: -1
c/b nach unten ger.: -2
c zum Quadrat: 16
Ein Zufallswert: .5812370685794956
```

(1) *Math* definiert einige konstante mathematische Größen als Eigenschaften des Objekttyps. Die bekannteste ist wohl die Zahl Pi (π), die unter anderem für Kreisumfangs- und -flächenberechnungen benötigt wird. Hier wird die Formel für den Kreisumfang berechnet. Außerhalb dieses *with*-Blocks muss es *Math.PI* heißen (siehe Kapitel 3.2).

(2) Die Methode *min* liefert den kleineren

(3) und *max* den größeren von zwei Werten.

(4) Durch *abs* kann der absolute Wert einer Zahl, das ist immer die Zahl

mit positivem Vorzeichen, ermittelt werden. Dies kann man aber auch durch den Ausdruck *c < 0 ? - c : c* erreichen (siehe Kapitel 4.1).

(5) Durch *round* wird der Parameter auf die nächste größere ganze Zahl aufgerundet, wenn der Dezimalanteil größer oder gleich 0,5 ist. Ansonsten wird zur nächstkleineren Zahl abgerundet.

(6) Anders arbeitet *ceil*. Diese Methode rundet immer zur nächsten ganzen Zahl gegen +*unendlich* auf. Das heißt, aus 4,2 wird 5 und aus −4,2 wird −4.

(7) Das Gegenteil bewirkt *floor*. Hier wird immer gegen -*unendlich* gerundet. Aus 4,2 wird dann 4 und aus −4,2 wird −5.

(8) Potenzrechnungen können mit Hilfe der Methode *pow* (engl. *power*) durchgeführt werden. Durch den Aufruf *pow(c,2)* wird das Quadrat von *c* (= c^2) errechnet.

(9) Nicht nur einfache Berechnungen lassen sich durch Methoden von *Math* ausführen. Auch Zufallszahlen können generiert werden. Dezimalzahlen zwischen 0 und 1 liefert die Methode *random*.

Weitere Methoden von *Math* finden Sie bei Bedarf im Anhang (siehe Kapitel 9.4).

7.4 Wrapper

Für die normalen Datentypen benutzt JavaScript Variablen und keine Objekte. Es gibt jedoch viele Fälle, in denen stattdessen ein Objekt gebraucht wird. Zu diesem Zweck existieren die so genannten Hüllklassen (engl. *wrapper classes*). Sie verkapseln eine Variable des zugehörigen Datentyps und verfügen teilweise über viele Methoden zur Umformung, Ausgabe usw. Das folgende Programm benutzt beispielhaft die Klassen *Number* und *Boolean*.

```
// Bsp1060.js

var n = new Number(34.56)                    //(1)
var b = new Boolean(true)                    //(2)


document.write("<PRE>")
document.writeln(Number.MAX_VALUE)           //(3)
document.writeln(Number.MIN_VALUE)           //(4)
```

```
document.writeln(Number.POSITIVE_INFINITY)          //(5)
document.writeln(Number.NEGATIVE_INFINITY)          //(6)
document.writeln(Number.NaN)                        //(7)
document.writeln(n)                                 //(8)
document.writeln(b)                                 //(9)
document.write("<\/PRE>")
```

Die Anzeige sieht etwa folgendermaßen aus:

```
1.7976931348623157e+308
5e-324
Infinity
-Infinity
NaN
34.56
true
```

(1) Ein Objekt des Typs *Number* wird wie jedes andere Objekt erzeugt. Ein solches wird allerdings in Skripten meistens nicht benötigt, sondern von JavaScript intern benutzt.

(2) Das Gleiche gilt für ein logisches Objekt. Hier ist jedoch Vorsicht walten zu lassen, denn jede Zeichenkette außer dem Nullstring ("") erzeugt *true*. Auch ein logischer Vergleich lässt sich nicht einfach mit einem solchen Objekt durchführen.

(3) Wichtiger bei der Klasse *Number* sind die numerischen Konstanten, die sie als Eigenschaften definiert. Durch *MAX_VALUE* wird die größte in JavaScript darstellbare Zahl angeben. Das ist hier etwa $1{,}7 * 10^{308}$.

(4) Entsprechend liefert *MIN_VALUE* die kleinste darstellbare Zahl. Das ist hier $5 * 10^{-324}$.

(5) Für Vergleiche können die folgenden Konstanten herangezogen werden. *POSITIVE_INFINITY* steht für eine unendlich große Zahl mit positivem Vorzeichen.

(6) *NEGATIVE_INFINITY* steht für eine unendlich große Zahl mit negativem Vorzeichen.

(7) *NaN* steht für *Not a Number* und entspricht keiner Zahl, nicht einmal *NaN* selbst. Das klingt paradox, aber ein Vergleich eines *NaN*-Ergebnisses mit *NaN* liefert immer *false*. *NaN* kann daher nicht benutzt werden, um zu prüfen, ob beispielsweise eine *parse*-Methode

ein vernünftiges Ergebnis liefert. Dazu muss eine Funktion namens *isNaN* verwendet werden, die einen Wert als Parameter übernimmt und ihn auf *NaN* prüft. Sie gibt einen logischen Wert zurück. *NaN* selbst kann benutzt werden, um manuell Fehler zu signalisieren, indem dieser Wert ausgegeben oder Variablen zugewiesen wird.

(8) Ein *Number*-Objekt wird bei der Ausgabe, wie andere Objekte auch, intern vorher mittels *toString* in eine Zeichenkette umgewandelt.

(9) Das Gleiche gilt für *Boolean*-Objekte.

Im Zusammenhang mit Objekten muss auf eines noch hingewiesen werden, was vielleicht der ein oder andere von Ihnen bereits in anderen Programmiersprachen kennen gelernt hat: Objekte werden an Funktionen anders übergeben als normale Variablen. Ob eine Variable nun ein Objekt ist oder nicht, lässt sich bei JavaScript aber oft nur nach genauem Studium des Skripts sagen.

Die unterschiedliche Behandlung zeigt das folgende Beispiel.

```
// Bsp1061.js

function modify (arr, wert) {                          //(1)
    arr.length = 2                                     //(2)
    wert++                                             //(3)
    document.writeln("intern: ",wert," ",arr)          //(4)
}

var o = new Array(7,8,9)                               //(5)
var a = 3.45                                           //(6)

document.write("<PRE>")
document.writeln(a," ",o)                              //(7)
modify(o,a)                                            //(8)
document.writeln(a," ",o)                              //(9)
document.write("<\/PRE>")
```

Schauen Sie sich zunächst das Ergebnis an:

```
3.45 7,8,9
intern: 4.45 7,8
3.45 7,8
```

(1) Dies ist die Testfunktion, die demonstrieren soll, wie unterschiedlich normale Werte und Objekte behandelt werden. Sie soll in *arr* ein Array und in *wert* eine Zahl erhalten.

(2) Das Array wird in seiner Größe auf zwei Elemente beschnitten.

(3) Die Zahl wird per Inkrementoperator um 1 erhöht.

(4) Die aktuellen Werte werden von der Funktion selbst angezeigt.

(5) Ein Array mit drei Zahlen wird definiert.

(6) Ebenso wird eine Dezimalzahl angelegt.

(7) Die Initialisierungswerte werden von beiden ausgegeben.

(8) Danach wird die Funktion aufgerufen. Sie erhält als Parameter sowohl das Array als auch die Zahl übergeben.

(9) Anschließend erfolgt eine erneute Ausgabe der Werte.

Wie Sie aus dem abgebildeten Dokument entnehmen können, wurde die Zahl nur temporär verändert, während das Array danach ein Element verloren hat. Dies liegt daran, dass die Funktion für die Zahl nur eine Kopie ihres Wertes, für das Objekt jedoch das Original erhalten hat. Man spricht hier bei normalen Variablen von einer Übergabe *per value* (durch Wert) und bei Objekten von einer Übergabe *per reference*. Letzteres bringt zum Ausdruck, dass tatsächlich nicht das Original, sondern eine Referenz bzw. die Adresse des Originals übergeben wird.

Einfacher gesagt: Änderungen einer Funktion an normalen Variablen sind nur temporär, an Objekten bleiben sie jedoch erhalten. Das gilt jedoch nur, wenn die Objekte Eigenschaften bzw. Methoden besitzen, die Änderungen erlauben. Sonst kann eine Funktion natürlich nichts ausrichten.

7.5 Zusammenfassung

In diesem Kapitel haben Sie die zentralen Objekttypen von JavaScript kennen gelernt. Die wichtigsten Fakten sind hier zusammengefasst.

- Arrays sind Objekte, die mehrere Daten speichern können. Jedes Element wird über einen Index angesprochen.
- Array-Literale werden von eckigen Klammern eingeschlossen.
- Auch *Array* definiert eine Eigenschaft *length*. Sie gibt die Anzahl Elemente an und kann durch einfache Zuweisung geändert werden.
- Werden Arrays wie Zeichenketten angesprochen, wird intern die Methode *toString* aufgerufen.

▓ Der Objekttyp *Array* definiert Methoden zur Sortierung, wobei eine Vergleichsfunktion definiert werden kann.

▓ Elemente können den Arrays zugefügt und aus ihnen gelöscht werden. Dabei ändert sich die Größe.

▓ Auch Zeichenketten können wie Arrays per Index angesprochen werden.

▓ Mehrdimensionale Arrays benutzen je Dimension einen eigenen Index.

▓ Datums- und Zeitangaben gehören zum Objekttyp *Date*.

▓ Intern werden für Datumsangaben Millisekunden ab dem 1.1.1970 um 0:00 Uhr gespeichert.

▓ Das aktuelle Datum des Rechners wird von *new Date()* erzeugt.

▓ Der Objekttyp *Date* definiert Methoden für die Textdarstellung in Ortszeit und UTC.

▓ Es gibt für jede *Date*-Komponente sowohl eine *get*-Methode, die den Wert liefert, als auch eine *set*-Methode, die ihn ändert.

▓ Mit Datumsobjekten lässt sich auch rechnen.

▓ Mathematische Funktionen und Konstanten werden vom Objekttyp *Math* definiert.

▓ Wrapper sind Objekttypen, die normale Daten enthalten. Hauptsächlich definieren sie Konstanten und werden selten vom Programmierer in Skripten eingesetzt.

▓ Objekte werden per Referenz und normale Werte per Value an Funktionen übergeben. Änderungen an Objekten bleiben dadurch erhalten, die an Werten nicht.

7.6 Übungen

Aufgabe 31

Erstellen Sie ein Programm, das folgende Zeichenketten in einem Array speichert:

«Melanie», «Alexander», «Fabian», «Leonie», «Christoph», «Hagen», «Katharina», «Lorena»

Sortieren Sie das Array und lassen Sie es dann zeilenweise vom ersten bis zum letzten Element anzeigen.

Aufgabe 32

Erstellen Sie ein Skript, das die folgende Zeichenkette in ein Array umwandelt, wobei jeder Name einem Element entspricht. Die Kommas und unterschiedlich vielen Leerstellen sollen dabei entfernt werden.

«Melanie,   Alexander, Fabian, Leonie, Christoph, Hagen, Katharina,   Lorena»

Tipp: Verwenden Sie als Trennzeichen einen regulären Ausdruck.

Aufgabe 33

Erzeugen Sie in einem Skript das Datumsobjekt für Weihnachten dieses Jahres.

Aufgabe 34

Definieren Sie in einem Skript eine Funktion *toGermString*, die ein Datum in eine Zeichenkette umwandelt, die nach folgendem Schema aufgebaut ist:
wochentagname, tt. monatsname jjjj
Beispiel:

Montag, 3. September 2001

Aufgabe 35

Berechnen Sie in einem Skript die Kreisfläche. Benutzen Sie dazu *Math.pow* und *Math.PI*.

Aufgabe 36

Schreiben Sie ein Skript, das mittels *prompt* ein Datum erfragt. Prüfen Sie auf *NaN*. Die Eingabe soll so lange wiederholt werden, bis ein korrektes Datum erkannt wurde.

8 Fenster und Dokumente

In den bisherigen Kapiteln haben Sie viele Elemente der Sprache kennen gelernt. Mit ihnen können Sie viele Skripte schreiben, die auf verschiedensten Plattformen wie Web-Servern, Web-Browsern oder dem Windows Scripting Host ausgeführt werden können. Die verschiedenen Funktionen, Objekte und Anweisungen bilden quasi den Kern der Sprache.

Um nun JavaScript auf der eigenen Homepage einzusetzen, muss man weitere Objekte, ihre Eigenschaften und Methoden verwenden. Welche dies im Einzelnen sind und über welche Eigenschaften und Methoden sie verfügen, wird durch das so genannte DOM (Document Objekt Model) eines Browsers beschrieben. Und da es verschiedene Browser gibt, gibt es auch verschiedene Objektmodelle. Die folgenden Skripte müssen daher fast immer abfragen, um welchen Browser es sich handelt, oder funktionieren eben nicht mit allen. Wer Details zu den Objektmodellen nachlesen will, kann dies im Internet unter folgenden Adressen tun:

- W3C-DOM   www.w3.org/tr/
- Microsoft   msdn.microsoft.com/workshop/author/toc.htm
- Netscape   developer.netscape.com/docs/manuals/js

Bei den Adressen handelt es sich um Übersichtsseiten, die sich nicht ausschließlich mit JavaScript befassen. Wählen Sie dort Ihr gewünschtes Thema.

8.1 Die Fensterobjekte

Wenn man mit den Objekten eines Browsers arbeitet, muss man zunächst zwischen dem Browser, seinen Erweiterungen und Fähigkeiten und dem sichtbaren Browserfenster unterscheiden. Das eine ist das Programm und das andere das dargestellte Dokument mit Rahmen und Bedienelementen.

Das Objekt *navigator* (siehe Kapitel 2.2) entspricht dem installierten Programm. Seine Eigenschaften werden benutzt, um die Fähigkeiten des Browsers festzustellen. Mittels *if*-Blöcken kann man dafür sorgen, dass keine Anweisungen im Skript durchlaufen werden, die ihn überfordern.

Mit dem anderen Objekt haben die bisherigen Beispiele bereits ständig gearbeitet, ohne es explizit anzusprechen. Es ist das Objekt *window* und entspricht der dargestellten Webseite samt Fenster. Im folgenden Beispiel sehen Sie, wie es angesprochen wird und wie neue Fenster erzeugt und geschlossen werden können.

```
// Bspl062.js

var infoWnd = window.open("","zweitesFenster"
        ,"toolbar,status")                          //(1)


document.write("Dies wird ins ")                    //(2)
self.document.write("eigene Fenster ")              //(3)
window.document.write("geschrieben.")               //(4)
infoWnd.document.open()                             //(5)
infoWnd.document.write("<HTML><HEAD>")              //(6)
infoWnd.document.write("<TITLE>Infofenster<\/TITLE>")
infoWnd.document.write("<\/HEAD><BODY>")
infoWnd.document.write("<H1>"
    ,"Ein Dokument per JavaScript","<\/H1>")
infoWnd.document.write(
  "<P>Dieses Dokument wurde mittels\
 JavaScript erstellt.<\/P>")
infoWnd.document.write(
  "<A href=\"mailto:he@erlenkoetter.de\">\
Mail senden<\/A>")
infoWnd.document.write("<\/BODY><\/HTML>")
infoWnd.document.close()                            //(7)
window.setTimeout("infoWnd.close()",5000)           //(8)
```

Es öffnet ein zweites Fenster, zeigt darin ein vom Skript erzeugtes Dokument an und schließt es nach 5 Sekunden wieder. Auf dem Bildschirm kann dies – je nach Fenstergrößen – so aussehen, wie in der nächsten Abbildung dargestellt.

(1) Hier wird ein neues Fenster erzeugt. Die Methode *open* des Objektes *window* generiert und öffnet es. Um später auf seine Eigenschaften und Methoden zugreifen zu können, wird seine Referenz in *info-Wnd* gespeichert. Die Methode selbst benötigt mindestens zwei, maximal drei Parameter: die URL eines anzuzeigenden HTML-Dokumentes, einen Namen und gegebenenfalls Fensteroptionen. Als URL wird hier ein Leerstring übergeben, weil das Dokument nicht als Datei vorliegt, sondern vom Skript erzeugt wird. Um beispielsweise das letzte Beispiel aus dem vorherigen Kapitel anzuzeigen, geben Sie hier einfach "*./Bspl061.htm*" an. Der zweite Parameter legt einen Namen für die Verwendung im HTML-Attribut *TARGET* fest. Dieser ist weder zu verwechseln mit dem Namen des Fensters im Skript (*infoWnd*) noch mit der Anzeige in der Titelleiste. Der dritte Parameter legt hier fest, dass das Fenster nur über Symbolleiste und Statusleiste verfügt. Weitere wichtige Optionen sind:

directories=yes/no	Linkleiste
height=nnn	Fensterhöhe in Pixeln
location=yes/no	Adressleiste
menubar=yes/no	Menüleiste
resizable=yes/no	Größe fest oder veränderbar
scrollbars=yes/no	Bildlaufleisten
status=yes/no	Statusleiste
toolbar=yes/no	Symbolleiste
width=nnn	Fensterbreite in Pixeln

Ein 200 × 100 Pixel großes Fenster mit Bildlaufleisten wird erzeugt, wenn als Optionen die Zeichenkette "*height=100, width=200, scrollbars*" übergeben wird. Die bloße Nennung einer Option schaltet sie genauso ein wie der Zusatz *=yes*.

(2) Mit solchen Anweisungen wurden bisher immer Texte in das Dokument des aktuellen Fensters geschrieben.

(3) Hier geschieht dasselbe. Es wird nur explizit in der Anweisung aufgeführt. Mit *self* wird immer das aktuelle Fenster angesprochen. Es kann weggelassen werden, macht aber den Code verständlicher, wenn es benutzt wird. So wird hier deutlich, dass das Dokument eine Eigenschaft des Fensters ist.

(4) Als Synonym für *self* kann auch *window* benutzt werden. Dadurch wird auch Bezug auf das aktuelle Fenster mit seinen Eigenschaften und Methoden genommen.

(5) Die Methode *open* des Dokument-Objektes des zweiten Fensters wird aufgerufen. Sie öffnet einen Datenstrom, um ein Dokument per Skript aufzubauen.

(6) In dieser und den folgenden Anweisungen werden dann die HTML-Texte ins Dokument geschrieben. Dadurch entsteht ein Datenstrom, der dem Inhalt einer HTML-Datei von links oben bis rechts unten entspricht.

(7) Die Methode *close* des Dokumentobjektes schließt diesen Strom, damit er nun vom Browser formatiert und angezeigt werden kann. Wird diese Anweisung vergessen, dann bleibt das Fenster meistens leer.

(8) Für das aktuelle Fenster wird die Methode *setTimeout* aufgerufen.

Sie kann Skriptanweisungen verzögert ausführen. Ihr erster Parameter ist die Anweisung, der zweite gibt die Verzögerung in Millisekunden an. Hier wird also in 5 Sekunden (=5000 Millisek.) die Methode *close* für das zweite Fenster einmalig aufgerufen. Dadurch wird es geschlossen. Die Anweisung muss in Anführungszeichen stehen, sonst entsteht ein verschachtelter Funktionsaufruf, und *close* startet sofort.

Zusatzfenster können nicht nur vom Skript, sondern natürlich auch vom Anwender geschlossen werden. Werden für ein solches Objekt Anweisungen aufgerufen, dann treten zur Laufzeit Fehler im Programm auf. Sicher haben Sie auch schon mal ein Zusatzfenster mit einem Werbebanner geschlossen und dann festgestellt, dass ein Skriptfehler aufgetreten ist. Dies kann man vermeiden, indem eine Eigenschaft ständig überprüft wird:

```
...
if (!infoWnd.closed) {
    // Fensteranweisungen können folgen
}
...
```

Die Eigenschaft *closed* wird immer dann auf *true* gesetzt, wenn ein Fenster geschlossen wird, egal wer dies veranlasst hat oder wie es gemacht wurde.
Ein Skript kann auch feststellen, ob das Fenster noch geöffnet ist, von dem aus es selbst erzeugt wurde. Die Bedingung sieht dann so aus:

```
...
if (!self.opener.closed) {
    // Fensteranweisungen können folgen
}
...
```

Die Eigenschaft *opener* eines *window*-Objektes enthält die Referenz auf das erzeugende Fenster. In dem Beispiel ist *window.opener* bzw. *self.-opener* gleich *null*, denn es wird ja vom Anwender geöffnet. In *infoWnd.opener* steht jedoch die Referenz auf das Hauptfenster.

Fensterreferenzen

Ein Skript, das ein neues Fenster öffnet, kann dieses immer über die Variable ansprechen, in der die Rückgabe von *open* gespeichert wurde. Aber auch die Kindfenster haben Zugriff auf die erzeugenden Fenster.

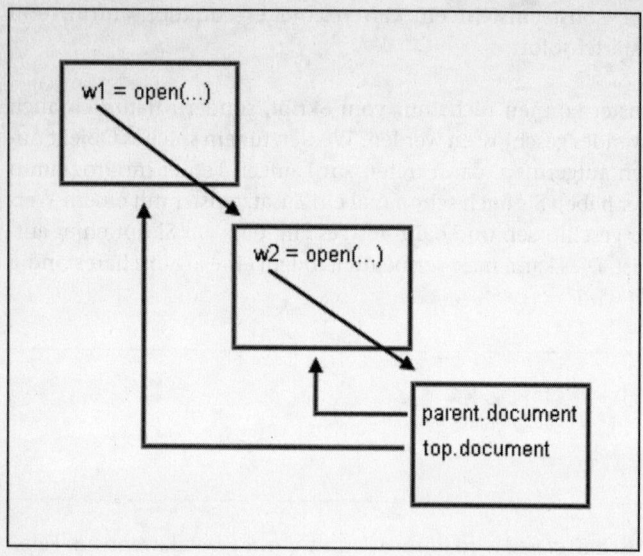

Dieses Bild soll folgende Situation veranschaulichen: Per Skript wird von einem Fenster ein neues geöffnet, dessen Referenz in *w1* festgehalten wird. Das erzeugende Fenster, das vom Anwender geöffnet wurde, wird auch Top-Level-Fenster genannt. Das Kindfenster *w1* öffnet nun seinerseits ein weiteres Fenster *w2*.

Das unterste Fenster kann die anderen nun über spezielle Referenzen ansprechen. Durch *parent* wird immer das direkte Erzeugerfenster angesprochen. Dies entspricht auch *self.opener*. Mittels *top* wird immer auf das Top-Level-Fenster Bezug genommen, egal von welcher Ebene aus.

Statusleiste

Eine weitere wichtige Eigenschaft von *window* ist neben *document* die Statusleiste. Das ist der Bereich am unteren Fensterrand. Die Statusleiste ist bei neuen Fenstern nur vorhanden, wenn für *open* entweder keine Optionen angegeben oder *statusbar* eingeschlossen wurde. Normalerweise gibt der Browser dort Zustandsinformationen aus. Aber auch Skripte können hier Texte ausgeben. Ein beliebtes Beispiel zeigt Laufschrift an. Es soll hier nicht fehlen.

```
// Bsp1063.js

var altStatus                              //(1)
var anzeige = "+++ Hier ist was los! "     //(2)
var intervall                              //(3)

function scrollText() {                    //(4)
   var s = 2                               //(5)
   anzeige = anzeige.substring(s)
        +anzeige.substring(0,s)            //(6)
   self.status = anzeige                   //(7)
}

altStatus = (self.status == null) ?
            "" : self.status               //(8)
intervall = self.setInterval("scrollText()"
            ,200)                          //(9)
self.setTimeout(
   "clearInterval(intervall);status=altStatus"
   ,10000)                                 //(10)
```

(1) Oft kann es notwendig sein, den ursprünglichen Inhalt der Statuszeile nach Ablauf eines Skriptes wiederherzustellen. Dies wird auch hier praktiziert. Die Variable *altStatus* wird dabei den alten Inhalt aufnehmen.

(2) Dies ist der Text, der in der Statusleiste rollen soll.

(3) Damit ein Zeitauftrag wieder gelöscht werden kann, braucht man eine Variable, in der er gespeichert wird.

(4) Ein Lauftext funktioniert wie ein Film. Schnell hintereinander werden statt Bilder veränderte Texte in der Statuszeile ausgegeben. Diese Funktion sorgt dafür, dass jedes Mal der Text verändert wird. Sie liefert praktisch ein «Bild». Dadurch, dass sie regelmäßig aufgerufen wird, entsteht der «Film».

(5) Diese Variable legt fest, um wie viel Buchstaben der Text jedes Mal verschoben wird.

(6) Der darzustellende Text wird verändert. Der neue besteht aus dem alten ab dem 3. Zeichen, an den der abgeschnittene Anfang (Index 0-2 exklusiv) angehängt wird.

(7) Die Eigenschaft *status* enthält den Inhalt der Statusleiste. Wird sie geändert, so ändert sich auch die Anzeige. Hier wird durch *self.status* nochmals deutlich gemacht, dass die eigene Statuszeile gemeint ist. Sie können *self* in diesem Fall natürlich hier und an den anderen Stellen dieses Skriptes weglassen.

(8) Der alte Inhalt der Statusleiste soll für die spätere Wiederherstellung gesichert werden. Der Ausdruck gewährleistet, dass kein *undefined* auftritt. Falls nämlich die Statusanzeige noch leer ist, wird ein Leerstring zugewiesen, ansonsten der aktuelle Inhalt.

(9) Hier wird wieder ein Zeitgeber eingesetzt. Dieses Mal wird aber nicht *setTimeout* benutzt, denn diese Methode startet einen Auftrag nur einmal. Stattdessen sorgt hier *setInterval* dafür, dass der im ersten Parameter angegebene Ausdruck regelmäßig abgearbeitet wird. Wie bei *setTimeout* gibt der zweite Parameter an, wie lange bis zum Aufruf gewartet werden soll. Alle 200 ms (= 5 Bilder/Sek.) wird die Funktion also aufgerufen. Auch hier steht die Funktion in Anführungszeichen, damit kein sofortiger Aufruf erfolgt. Der Rückgabewert von *setInterval* ist eine Zahl, die den Auftrag identifiziert, und wird gespeichert.

(10) Hier wird wieder *setTimeout* benutzt. Diesmal soll aber der regelmäßige Auftrag nach 10 Sekunden gelöscht werden. Der Ausdruck *clearInterval(intervall);status=altStatus* besteht aus zwei Anweisungen. Zur Trennung muss hier ein Semikolon stehen. Immer wenn mehrere Anweisungen hintereinander stehen, dann müssen Sie jede, bis auf die letzte, mit einem Semikolon abschließen. Die erste Anweisung hebt den Auftrag auf. Dazu muss die Auftragsnummer im Parameter angegeben werden. Die zweite weist der Eigenschaft *status* wieder ihren alten Inhalt zu. Wenn auch dieser Aufhebungsauftrag eventuell vorzeitig gelöscht werden soll, dann muss man auch die Rückgabe von *setTimeout* speichern. Die Methode *clearTimeout* kann zum Deaktivieren benutzt werden.

Neben der Eigenschaft *status* gibt es *defaultStatus*. Diese Eigenschaft legt den Text fest, den der Browser anzeigen soll, wenn nichts für die Statuszeile angegeben ist.

Manövrieren

Zwei Eigenschaften des Objekts *window* enthalten Informationen über Internetadressen. Dies sind

■ *location* – aktuelle URL
■ *history* – besuchte URLs des aktuellen Fensters

Das Objekt *location* enthält die komplette aktuelle URL. Seine Eigenschaften beschreiben deren einzelnen Teile. Die folgende Tabelle zeigt ihre Werte für die Beispiel-URL

```
http://www.xyz.com:80/html/seite1.htm#kap1?Bild12
```

Eigenschaft	Inhalt
protocol	http:
host	www.xyz.com
port	80
pathname	/html/seite1.htm
hash	#kap1
search	?Bild12
href	http://www.xyz.com:80/html/seite1.htm#kap1?Bild12
hostname	www.xyz.com:80

Durch Änderung der Eigenschaft *location* wird zu der angegebenen neuen Seite manövriert, wie das folgende Skript zeigt.

```
// Bspl064.js

var fenster = window.open("./bspl001.htm"
            ,"hist","statusbar")
setTimeout("fenster.location=\"./bspl002.htm\""
            ,5000)
```

In der markierten Anweisung wird *location* eine neue Adresse zugewiesen. Dies ist äquivalent zu *fenster.location.href="..."*. Die neue URL wird geladen.

Das *location*-Objekt verfügt auch über zwei Methoden, die eine URL laden:

▪ *reload* – lädt das aktuelle Dokument erneut
▪ *replace* – lädt die im Parameter angegebene URL

Beispiele:
location.reload()
Das Dokument wird neu aus dem Cache oder vom Server geladen, je nach Browsereinstellungen.
location.replace("http://www.rowohlt.de")
Der Browser wechselt zur angegebenen URL. Dabei wird die aktuelle Seite in der Surfhistorie ersetzt. Das heißt, dass der Anwender nicht über die Browserkommandos zurück zur vorherigen Homepage gelangen kann.

Das *history*-Objekt enthält die URLs der im Fenster bisher angezeigten Seiten. Mit Hilfe seiner Methoden kann per Skript zurück- und wieder vorwärts manövriert werden. Einige Beispiele:

history.back()	eine Seite zurück
history.forward()	wieder eine Seite vor
history.go(-3)	3 Seiten zurück
history.go(2)	wieder 2 Seiten vor
history.go('rowohlt')	zur ersten Seite, deren URL *rowohlt* enthält

Eigenschaften dieses Objekts enthalten die Informationen:

length	Anzahl an Einträgen
current	aktuelle URL
previous	vorhergehende URL
next	nächste URL

Hinweis:
Bei den Methoden *back()* und *forward()* ist es egal, ob Sie beispielsweise *window.back()* oder *history.back()* bzw. *window.history.back()* verwenden.

Rahmen

Einem Fenster (*window*) ist immer ein Dokument (*document*) zugeordnet, und ohne Fenster gibt es kein Dokument. Das hat Konsequenzen für Seiten, die mit Rahmen (*FRAMESET*) arbeiten. Technisch ist bei normalen HTML-Seiten der *BODY*-Bereich das Dokument. Bei Seiten mit *FRAME*-Bereichen ersetzen diese den *BODY*-Bereich und entsprechen jeweils einem Dokument. Konsequenterweise gehört also zu jedem FRAME auch ein *window*-Objekt. Diesen Sachverhalt veranschaulicht das nächste Beispiel.

Der Browser lädt die folgende HTML-Seite mit *FRAMES*.

```
<!DOCTYPE html PUBLIC
"-//W3C//DTD HTML 4.0 Transitional//EN">
<HTML>
<HEAD>
<TITLE>Beispiel 65</TITLE>
</HEAD>
<FRAMESET COLS="25%,*">
  <FRAME NAME="links" SRC="">
  </FRAME>
    <FRAMESET ROWS="50%,*">
      <FRAME NAME="r_oben" SRC="">
      </FRAME>
      <FRAME NAME="r_unten" SRC="./Bspl065a.htm">
      </FRAME>
    </FRAMESET>
</FRAMESET>
</HTML>
```

Von den drei Frames bleiben zwei leer. Ihr Inhalt soll per Skript erzeugt werden. Die HTML-Datei *Bspl065a.htm* des dritten Frames sieht so aus:

```
<!DOCTYPE html PUBLIC
"-//W3C//DTD HTML 4.0 Transitional//EN">
<HTML>
<HEAD>
<TITLE></TITLE>
</HEAD>
<BODY>
  <SCRIPT TYPE="text/javascript" SRC="./Bspl065.js">
  </SCRIPT>
<NOSCRIPT>
```

```
    Sie brauchen JavaScript.
</NOSCRIPT>
</BODY>
</HTML>
```

Hier wird wie bisher ein Skript eingebunden. Es enthält die folgenden Anweisungen.

```
// Bspl065.js

document.write("Hier arbeitet das Skript")                    //(1)
with(parent.frames[0]){                                        //(2)
  document.open()
  document.write("<HTML><HEAD><\/HEAD><BODY>")
  document.write("<BR>","Anzahl Frames: ")
  document.write(parent.window.length)                         //(3)
  document.write("<\/BODY><\/HTML>")
  document.close()
}
with(parent.frames["r_oben"]){                                 //(4)
  document.open()
  document.write("<HTML><HEAD><\/HEAD><BODY>")
  document.write("<BR>","Anzahl Frames: ")
  document.write(parent.window
            .frames.length)                                    //(5)
  document.write("<\/BODY><\/HTML>")
  document.close()
}
```

Die Abbildung zeigt, wie das Ergebnis im Browser aussieht.

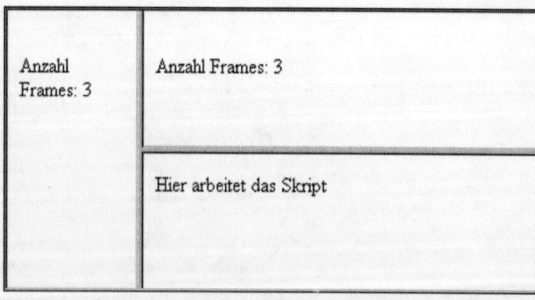

(1) Die Anweisung *document.write* bezieht sich immer auf das aktuelle Fenster. Bei Rahmenseiten ist dies der aktuelle Rahmen. Deshalb erscheint dieser Text im rechten unteren Frame.

(2) Die drei *window*-Objekte, die den drei Rahmen entsprechen, gehören zu einem übergeordneten Objekt, dem Browserfenster. Durch *parent* wird dieses angesprochen. Seine Eigenschaft *frames* enthält die *window*-Objekte der Rahmen als Array. Über den Index 0 wird das erste benutzt. Die Reihenfolge bestimmt der Code der HTML-Datei.

(3) Wie viele Rahmen bzw. *window*-Objekte ein Fenster enthält, liefert die Eigenschaft *length*.

(4) Statt einen Rahmen über den Index anzusprechen, kann auch die Zeichenkette benutzt werden, die im Attribut *NAME* des Rahmens festgelegt wurde. Dies ist sicherer, da die Reihenfolge in der HTML-Datei nun nicht bekannt sein muss.

(5) Auch die Größe des *frames*-Arrays gibt natürlich die Anzahl der Rahmen an.

Hinweis:
Statt *parent.frames["r_oben"]* können Sie einfach *parent.r_oben* schreiben.

8.2 Fensterereignisse

Bisher wurden die Skriptanweisungen der Beispiele durch Einbinden in den *BODY*-Bereich der HTML-Datei ausgeführt. Oft sollen sie aber erst auf Grund eines Ereignisses gestartet werden. Dabei kann es sich um Systemereignisse, wie beispielsweise das Laden des Dokumentes, und durch den Anwender ausgelöste Ereignisse handeln. Das folgende Beispiel zeigt, wie Bibliotheks- und eigene Funktionen von Ereignissen gestartet werden. Dies geschieht sowohl automatisch als auch interaktiv.

```
<!DOCTYPE HTML PUBLIC
"-//W3C//DTD HTML 4.0 Transitional//EN">
<HTML>
```

```
<HEAD>
   <TITLE>Beispiel 66</TITLE>
   <SCRIPT TYPE="text/javascript"
       SRC="./Bspl066.js">                           <!--(1)-->
   </SCRIPT>
</HEAD>
<BODY OnLoad="alert('Sie arbeiten mit '
       +navigator.userAgent)"
     OnMove="mov()">                                 <!--(2)-->
   <H1>Skriptaufrufe</H1>
   <A HREF="#ende"
       OnMouseOver="document.bgColor='red'"
       OnMouseOut="document.bgColor='white'">        <!--(3)-->
     Zum Ende
   </A>
   <P> <P> <P> <P> <P> 
   <P> <P> <P> <P> <P> 
   <P> <P> <P> <P> <P> 
   <P> <P> <P> <P> <P> 
   <P> <P> <P> <P> <P> 
   <P> <P> <P> <P> <P> 
   <A NAME=ende>
     Hier ist Ende
   </A>
   <P>
   <A HREF="javascript:history.back()">              <!--(4)-->
     Zur&uuml;ck
   </A>
</BODY>
</HTML>
```

(1) Die Skripte, die die Funktionsdefinitionen für die Ereignisverarbeitung enthalten, werden am besten im *HEAD*-Bereich der HTML-Datei eingebunden. So werden sie als Erstes geladen und stehen frühzeitig für eventuell auftretende Ereignisse zur Verfügung.

(2) Den meisten HTML-Marken können besondere Attribute hinzugefügt werden, die man als Event-Handler bezeichnet. Das sind HTML-Attribute, die die Ereignisverarbeitung steuern. Jedes Attribut ist dabei für ein ganz bestimmtes Ereignis zuständig. Das hier verwendete *OnLoad* überwacht den Ladezustand eines Dokumentes oder eines Framesets. Im *BODY*-Bereich reagiert es, sobald die Seite vollständig geladen ist. Die Zeichenkette muss eine gültige JavaScript-Anweisung enthalten. Hier ist es *alert()*. Da die Funkti-

on in Anführungszeichen gesetzt werden muss, werden innerhalb der Zeichenkette die Apostrophe verwendet, um eingeschlossene Zeichenketten zu kennzeichnen. Neben *OnLoad* wird gleich ein zweiter Ereignishandler angegeben: *OnMove*. Er funktioniert nicht auf allen Plattformen und überwacht Fensterbewegungen. Sobald dieses Ereignis eintritt, wird eine Funktion namens *mov* aufgerufen.

(3) Auch bei Hyperlink-Marken wird der Aufruf eines Event-Handlers wieder als Zeichenkette angegeben. *OnMouseOver* überwacht hier, ob der Mauszeiger auf den Verweis, und *OnMouseOut*, ob er von ihm weg bewegt wird.

(4) Eine andere Startmöglichkeit besteht darin, die Skriptfunktionen als Verweise zu formulieren. Durch Anklicken werden sie dann gestartet. Als Verweise beginnen JavaScript-Funktionen immer mit dem Wort *javascript* und einem Doppelpunkt. Ihm folgt der Aufruf. Hier wird zu dem Objekt *history* – das ist der Verlauf Ihres Internetsurfens – die Funktion *back()* aufgerufen. Das bewirkt, dass der Browser nun zur letzten Anzeige zurückkehrt.

Das Skript ist recht kurz und definiert nur eine Funktion für den Ereignishandler *OnMove*.

```
// Bspl066.js

function mov(){                                    //(1)
    document.bgColor=(document.bgColor == "#00ff00")
          ? document.bgColor='yellow'
          : document.bgColor='#00ff00'
}
```

(1) Die Funktion prüft, ob der Hintergrund des Dokumentes grün ist. Ist das der Fall, wird er gelb, ansonsten grün eingefärbt.

Im Browser sieht die Seite fast normal aus. Wird jedoch der Mauszeiger auf den Link *Zum Ende* gesetzt, wird die Seite rot, und sobald er ihn wieder verlässt, erscheint sie wieder weiß. Bewegt man das Fenster, dann flackert die Seite zwischen gelb und grün.

Durch Anklicken der Links gelangt man an das Seitenende und von dort per Link wieder zurück.

Das nächste Beispiel definiert ebenfalls Ereignisfunktionen für Mausklicks und Fensterbewegungen, benutzt dafür aber eine andere Technik.

```html
<!DOCTYPE HTML PUBLIC
"-//W3C//DTD HTML 4.0 Transitional//EN">
<HTML>
  <HEAD>
    <TITLE>Beispiel 67</TITLE>
    <SCRIPT TYPE="text/javascript"
        SRC="./Bspl067.js">                    <!--(1)-->
    </SCRIPT>
  </HEAD>
  <BODY>
    <H1>Skriptaufrufe</H1>
    <A HREF="javascript:history.back()">       <!--(2)-->
      Zur&uuml;ck
    </A>
  </BODY>
</HTML>
```

(1) Das Skript mit den Funktionsdefinitionen wird wieder im *HEAD*-Bereich eingebunden.
(2) Außerdem enthält das Dokument einen Hyperlink, um die Wirkung eines Klicks zu demonstrieren.

Alles Wesentliche spielt sich im Skript ab. Hier werden zwei Handler-Funktionen definiert und registriert.

```javascript
// Bspl067.js

function bg(e) {                               //(1)
  document.bgColor='blue'
  return false                                 //(2)
}


function mov(e){                               //(3)
  document.bgColor=(document.bgColor == "#00ff00")
        ? document.bgColor='yellow'
        : document.bgColor='#00ff00'
  return true                                  //(4)
}
```

```
window.captureEvents(Event.CLICK
              | Event.MOVE)                    //(5)
window.onclick=bg                              //(6)
window.onmove=mov                              //(7)
```

(1) Bei Nutzung der von diesem Beispiel demonstrierten Technik ist darauf zu achten, dass die Funktionen, die auf Ereignisse reagieren sollen, einen Parameter übernehmen. Beim Aufruf wird ihnen nämlich ein Ereignisobjekt übergeben. Dieses enthält alle Informationen über das aufgetretene Ereignis. Die hier definierte Funktion soll für den Dokumentenhintergrund blau festlegen.

(2) Außerdem geben diese Funktionen einen logischen Wert zurück. Er legt fest, ob die Ereignisse vom Browser weiterverarbeitet werden sollen. Durch *false* wird hier nichts weiter passieren.

(3) Die zweite Funktion übernimmt auch ein Ereignisobjekt. Sie wird die Hintergrundfarbe in Abhängigkeit von der aktuellen Einstellung ändern.

(4) Sie gibt *true* zurück. Dies wird bewirken, dass sich die normale Verarbeitung eines solchen Ereignisses den Funktionsanweisungen anschließt.

(5) Durch *window.captureEvents* wird festgelegt, dass bestimmte Ereignisse nicht von den Standardobjekten, sondern vom Fensterobjekt verarbeitet werden. Die betroffenen Ereignistypen werden als Parameter übergeben. Sie sind Eigenschaften des Objektes *Event* und werden durch ein bitweises ODER miteinander verknüpft. Die Namen der Ereignistypen werden großgeschrieben und lassen sich aus den Namen der Handler-Attribute herleiten. Der Typ für *OnClick* ist *Event.CLICK*, für *OnMove Event.MOVE*, für *OnLoad Event.LOAD* usw.

(6) Statt nun die Funktionen per HTML den Ereignishandlern zuzuordnen, werden sie den Handlern direkt zugewiesen. Dazu wird nur der Funktionsname angegeben. Zugewiesen wird er einer Objekteigenschaft, die wie der Handler lautet, aber komplett kleingeschrieben wird. Hier wird die Funktion *bg* also dem Handler *onclick* zugewiesen.

(7) Die Funktion *mov* wird dem Handler für Bewegungen zugeordnet.

Wird die Seite aufgerufen, dann flackert sie bei Bewegungen wieder gelb und grün. Bei Anklicken des Links wird der Seitenhintergrund blau. Der Link wird aber nicht aufgerufen! Das ist das Resultat der Rückgabe *false* von *bg*.

Hinweis:

Wird *captureEvents* nicht aufgerufen, dann sind die Funktionen auch aktiv, jedoch geht die normale Ereignisverarbeitung vor.

Die folgenden Ereignishandler existieren für das *window*-Objekt:

onBlur	Fokus geht verloren
onDragDrop	Objekt wird aufs Fenster gezogen
onError	Fehlerobjekt wird erzeugt
onFocus	Fokus wird erlangt
onLoad	Ladevorgang ist beendet
onMove	Fenster wird bewegt
onResize	Fenstergröße wird verändert
onUnload	Seite wird verlassen

Ereignisobjekte

Was für ein Ereignis aufgetreten ist und in welchem Zusammenhang dies passiert ist, kann über das Ereignisobjekt ermittelt werden, das den Handlerfunktionen übergeben wird. Es speichert diese Informationen in seinen Eigenschaften. Jedoch sind manche Daten nur in Verbindung mit bestimmten Ereignissen gültig.

Das folgende Skript gibt in einem Nachrichtendialog einige der Eigenschaften aus. Aufgerufen wird es über eine HTML-Datei entsprechend dem vorherigen Beispiel.

```
// Bspl068.js

function bg(e) {
    alert("Ereignistyp: "+e.type+                    //(1)
        "\nTaste: "+e.which+
        "\nZusatztasten: "+e.modifiers+
        "\nZiel: "+e.target+
        "\nx: "+e.x+
        " y: "+e.y)
    return false
```

```
}
```

```
window.captureEvents(Event.CLICK)                    //(2)
window.onclick=bg
```

(1) Für die Methode *alert* wird eine Zeichenkette aus Texten und den Eigenschaften des Ereignisobjektes *e* aufgebaut.

(2) Damit nur das Dialogfeld erscheint, werden die Mausklicks für das Fenster eingefangen.

Wird nun der Link angeklickt, erscheint die Information im Dialogfeld wie folgt:

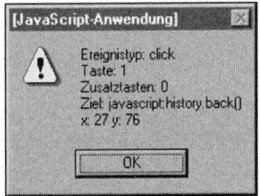

Die Eigenschaften eines Ereignisobjektes beschreiben folgende Informationen:

Eigenschaft	Information
data	Zeichenkettenarray mit URLs der gezogenen Objekte
height	Höhe des Frames bzw. Fensters
layerX	Objektbreite beim *resize*, sonst x-Koordinate relativ zum Layer
layerY	Objekthöhe beim *resize*, sonst y-Koordinate relativ zum Layer
modifiers	Zusatztasten bei Tasten- und Mausereignissen; Werte sind ALT_MASK (Alt -Taste), CONTROL_MASK (Strg -Taste), SHIFT_MASK (⇧ -Taste), META_MASK (META-Taste)
pageX	x-Koordinate in Pixeln relativ zur Seite
pageY	y-Koordinate in Pixeln relativ zur Seite

Eigenschaft	Information
screenX	x-Koordinate in Pixeln relativ zum Bildschirm
screenY	y-Koordinate in Pixeln relativ zum Bildschirm
target	Originalobjekt des Ereignisses
type	Ereignistyp
which	Breite des Frames bzw. Fensters
x	wie layerX
y	wie layerY

8.3 Dokumentobjekte

Die wohl wichtigste Eigenschaft der Fensterobjekte ist das mit ihnen verbundene Dokument. Es dürfte auch bei den meisten Skriptanwendungen im Vordergrund stehen. Das Objekt *document* verfügt über eine Fülle an Eigenschaften mit einer recht komplexen Struktur. Einerseits bestimmt die Struktur der HTML-Dateien die Eigenschaften von *document*, andererseits unterscheiden sich die Objektmodelle der Browser gerade in seinem Aufbau besonders.

Das folgende Beispiel zeigt, über welche Eigenschaften *document* unter anderem verfügen kann. Die HTML-Datei definiert dazu ein Formular mit einem Texteingabefeld, einem Kontrollkästchen und einer Schaltfläche sowie einen Link.

```
<!DOCTYPE HTML PUBLIC
"-//W3C//DTD HTML 4.0 Transitional//EN">
<HTML>
  <HEAD>
    <TITLE>Beispiel 69</TITLE>
    <SCRIPT TYPE="text/javascript"
      SRC="./Bspl069.js">
    </SCRIPT>
  </HEAD>
  <BODY>
    <P>
    <FORM NAME="Anfrage"
```

```
        ACTION="mailto:hans.muster@mustermann.de"
        METHOD="post">
        Ihre Frage: 
        <INPUT TYPE="text" NAME="frage"
          VALUE="News" SIZE="25">
        <BR>
        Abo?:    
           
        <INPUT TYPE="checkbox" NAME="abo" CHECKED
          ONCLICK="info(this)">                      <!--(1)-->
        <BR>
        <INPUT TYPE="button" NAME="ok"
          VALUE="Fertig"
          ONCLICK="info(this)">                      <!--(2)-->
      </FORM>
      </P>
      <A HREF="www.rowohlt.de">Zum Verlag</A>
    </BODY>
  </HTML>
```

(1) Auch für die Formularelemente können Event-Handler definiert werden. Für Mausklicks ist *OnClick* zuständig. Die Funktion bekommt hier als Parameter *this* übergeben. Dieses Schlüsselwort steht bei JavaScript für das aktuelle Objekt, hier also für das *Checkbox*-Element. Der Funktion wird dadurch der Zugriff auf seine Eigenschaften ermöglicht.
(2) Auch die Schaltflächen erzeugen bei Mausklicks ein Ereignis, für das hier ebenfalls die Handlerfunktion festgelegt wird.

Im Browser sieht diese Seite dann folgendermaßen aus.

Das Skript wird über den *HEAD*-Bereich des Dokumentes geladen. Es definiert nur die Handlerfunktion. Diese erzeugt ein neues Fenster, in dem es viele Eigenschaften des Dokumentes anzeigt.

```
// Bspl069.js

function info(obj) {
  var infoWnd = window.open("","docProps"
          ,"status,resizable")

  infoWnd.document.open()
  infoWnd.document.write("<HTML><HEAD>")
  infoWnd.document.write(
      "<TITLE>Dokumentobjekte<\/TITLE>")
  infoWnd.document.write("<\/HEAD><BODY>")
  infoWnd.document.write(document.bgColor
          ,"<BR>")                                //(1)
  infoWnd.document.write(document.linkColor
          ,"<BR>")                                //(2)
  infoWnd.document.write(document.title
          ,"<BR>")                                //(3)
  infoWnd.document.write(document.URL
          ,"<BR>")                                //(4)
  infoWnd.document.write(document.referrer
          ,"<BR>")                                //(5)
  infoWnd.document.write(document.forms[0].action
          ,"<BR>")                                //(6)
  infoWnd.document.write(document.Anfrage.method
          ,"<BR>")                                //(7)
  infoWnd.document.write(document.Anfrage.length
          ,"<BR>")                                //(8)
  infoWnd.document.write(
        document.Anfrage.frage.value
          ,"<BR>")                                //(9)
  infoWnd.document.write(
        document.Anfrage.frage.defaultValue
          ,"<BR>")                                //(10)
  infoWnd.document.write(
        document.Anfrage.abo.defaultChecked
          ,"<BR>")                                //(11)
  infoWnd.document.write(obj.name,"<BR>")         //(12)
  infoWnd.document.write(document.Anfrage.ok.name
          ,"<BR>")                                //(13)
  infoWnd.document.write(obj.value,"<BR>")        //(14)
```

```
    infoWnd.document.write(document.links[0].href
         ,"<BR>")                                        //(15)
    infoWnd.document.write(document.links[0].protocol
         ,"<BR>")                                        //(16)
    infoWnd.document.write("<\/BODY><\/HTML>")
    infoWnd.document.close()
}
```

(1) Zunächst einmal verfügt natürlich *document* selbst über einige Eigenschaften. So wird die Hintergrundfarbe von *bgColor* beschrieben. Für die Textfarbe kann *fgColor* verwendet werden.

(2) Auch die Farbdarstellung der Links steht als Eigenschaft zur Verfügung. Hier wird durch *linkColor* die Farbe der Verknüpfungen beschrieben. Die anderen stehen in *alinkColor* (aktiver Link) und *vlinkColor* (besuchte Links).

(3) Der Titel wird von *title* beschrieben.

(4) Die komplette URL des Dokumentes steht als Zeichenkette in der Eigenschaft *URL*.

(5) Eine interessante und oft benutzte Eigenschaft von *document* lautet *referrer*. Wenn das Dokument über einen Link einer anderen Seite aufgerufen wurde, dann enthält diese Eigenschaft die URL dieser aufrufenden Seite als Zeichenkette. Darüber erfährt man also, was der Anwender sich vorher angesehen hat, allerdings nur dann, wenn er nicht die URLs ins Adressfeld eintippt, sondern den Links folgt.

(6) Die Elemente des Dokumentes, wie beispielsweise hier das Formular, sind als Eigenschaften von *document* definiert. Dabei handelt es sich um Arrays, die alle vorhandenen Objekte der gleichen Art enthalten. In *document.forms* sind alle Formulare in der Reihenfolge enthalten, wie sie von der HTML beschrieben werden. Das erste – und hier auch einzige – Formular steht also in *document.forms[0]*. Dieses verfügt über eigene Eigenschaften und Methoden. Von *action* wird die Aktion beschrieben, die beim Abschicken des Formulars angewendet wird. Dies entspricht dem *ACTION*-Attribut in HTML.

(7) Die einzelnen Formulare können nicht nur per Index, sondern auch über ihren Namen angesprochen werden, wenn er bekannt ist. Deshalb sind hier *document.forms[0]*, *document.forms["Anfrage"]* und *document.Anfrage* gleichwertig. Durch *method* wird das *METHOD*-Attribut aus der HTML angegeben.

(8) Auch bei Formularobjekten gibt es die Eigenschaft *length*. Sie gibt die Anzahl der Elemente im Formular an.

(9) Die einzelnen Elemente des Formulars sind ebenfalls als seine Eigenschaften verfügbar. So wie *document.forms* alle Formulare als Array enthält, so speichert *forms[n].elements* alle Formularelemente. Hier wird das Textfeld aber sofort statt über den Index dieses Arrays über seinen Namen *frage* angesprochen. Die Eigenschaft *value* enthält den aktuellen Text des Feldes.

(10) Der mittels HTML festgelegte Vorgabewert wird von der Eigenschaft *defaultValue* beschrieben.

(11) Hier wird die Checkbox des Formulars über ihren Namen angesprochen. Die Eigenschaft *defaultChecked* gibt an, was per HTML als Anfangseinstellung festgelegt ist. Den aktuellen Zustand enthält *checked*.

(12) Hier wird eine Eigenschaft des Parameterobjektes verwendet, das der Funktion übergeben wird. Da vom Dokument zwei Ereignishandler definiert werden, nämlich einer für die Checkbox und einer für die Schaltfläche, wird jeweils ein anderes Objekt übergeben. Beide Male wird beim Aufruf *this* angegeben. Die Funktion greift also jedes Mal auf Eigenschaften des gerade angeklickten Objektes zu. Beide besitzen eine Eigenschaft *name*, die den Wert des Attributes *NAME* enthält.

(13) Der Name der Schaltfläche wird hier direkt angesprochen.

(14) Die Beschriftung der Schaltfläche bzw. der Wert von *VALUE* wird von der Eigenschaft *value* beschrieben.

(15) Für die Hyperlinks eines Dokumentes gilt das Entsprechende wie für die Formulare. Alle sind in der Reihenfolge des Auftretens in der Eigenschaft *links* als Array enthalten. Ähnliches gilt für *anchors*, *applets*, *images* usw. Hier wird die URL über die Eigenschaft *href* ermittelt.

(16) Ein Teil, nämlich das Protokoll, steht in der Eigenschaft gleichen Namens.

```
#ffffff
#0000ff
Beispiel 69
file:///C:/Buchprojekte/JavaScript/Bspl069.htm

mailto:hans.muster@mustermann.de
post
3
News
News
true
ok
ok
Fertig
file:///C:/Buchprojekte/JavaScript/www.rowohlt.de
file:
```

Für den Fall, dass die Schaltfläche angeklickt wird, erzeugt das Skript das oben abgebildete Fenster.

Ereignishandler

Das Beispiel hat nur bei zwei Elementen den Event-Handler *OnClick* benutzt. Dieser kann bei vielen, aber nicht bei allen eingesetzt werden. Welche Handler die verschiedenen Dokumentobjekte erlauben, kann der folgenden Tabelle entnommen werden.

Objekt / Ereignis	document	Image	Layer	Link	window
onAbort		X			
onBlur			X		X
onClick	X			X	
onDblClick	X			X*	
onDragDrop					X
onError		X			X
onFocus			X		X
onKeyDown	X	X		X	

Ereignis \ Objekt	document	Image	Layer	Link	window
onKeyPress	X	X		X	
onKeyUp	X	X		X	
onLoad		X	X		X
onMouseDown	X			X	
onMouseOut			X	X*	
onMouseOver			X	X*	
onMouseUp	X			X	
onMove					X
onResize					X
onUnload					X

* Bei Bildbereichen, die als Link arbeiten, gelten nur diese Handler.

Es gibt einen weiteren Handler *onMouseMove*, der auf die Ereignisse der Mausbewegungen reagiert. Da diese jedoch ständig auftreten, stellen sie keine besonderen Ereignisse dar. Deshalb ist dieser Handler nicht aktiviert. Wenn er benötigt wird, muss er explizit dem gewünschten Objekt zugeordnet werden (siehe Kapitel 8.2).

Formulare und ihre Elemente reagieren ebenfalls auf einige der vorgenannten Ereignisse. Zusätzlich gibt es jedoch weitere, die auf die spezifischen Arbeitsweisen und Bedeutungen der Elemente zugeschnitten sind. Sie sind in der zweiten Tabelle zusammengestellt.

Ereignis \ Objekt	Button	Checkbox	FileUpload	Form	Password	Radio	Reset	Select	Submit	Text	TextArea
onBlur	X	X	X		X	X	X	X	X	X	X
onChange		X						X		X	X
onClick	X	X				X	X		X		
onFocus	X	X	X		X	X	X	X	X	X	X
onKeyDown											X
onKeyPress											X

Objekt / Ereignis	Button	Checkbox	FileUpload	Form	Password	Radio	Reset	Select	Submit	Text	TextArea
onKeyUp											X
onMouseDown	X										
onMouseUp	X										
onMove											
onReset				X							
onSelect										X	X
onSubmit				X							

Formulare

Bei Formularen ist es meistens notwendig, die Eingaben vor der Verarbeitung zu überprüfen. Beispielsweise können statt numerischer Daten Zeichenketten eingegeben worden sein, oder die Kombination der Daten ist unsinnig. Dies führt auf der Serverseite dann unter Umständen zu Problemen. Die HTML bietet für diese Aufgabe keine Lösung. Mit JavaScript geht dies aber sehr einfach, wie Sie an dem folgenden Eurorechner sehen können.

Das HTML-Dokument definiert hier ein Formular mit zwei Textfeldern für DM- und Eurobetrag und einer Schaltfläche zum Auslösen der Berechnung.

```
<!DOCTYPE HTML PUBLIC
"-//W3C//DTD HTML 4.0 Transitional//EN">
<HTML>
  <HEAD>
    <TITLE>Beispiel 70</TITLE>
    <SCRIPT TYPE="text/javascript"
      SRC="./Bspl070.js">
    </SCRIPT>
  </HEAD>
  <BODY>
    <H1>Euro-Rechner</H1>
    <FORM NAME="Rechner">
             
      <INPUT TYPE="text" NAME="DM" VALUE="0"
```

```
         SIZE="20" OnFocus="this.select()"
         OnChange="test(this)">                    <!--(1)-->
      DM
     <BR>
     <BR>
     sind 
     <INPUT TYPE="text" NAME="EUR" VALUE="0"
        SIZE="20">                                 <!--(2)-->
      EUR
     <BR>
     <BR>
            
     <INPUT TYPE="button" NAME="rechnen"
        VALUE="Berechnen"
        ONCLICK="euro()">                          <!--(3)-->
    </FORM>
    </P>
   </BODY>
  </HTML>
```

(1) Das erste Textfeld dient zur Eingabe der umzurechnenden DM-Be-
    träge. Es soll daher mit ein wenig Service ausgestattet werden. Wenn
    die Eingabe beginnt, das heißt, wenn das Feld den Fokus erhält, sol-
    len die enthaltenen Zeichen markiert werden, damit sie beim Ein-
    geben sofort überschrieben werden. Das Fokusereignis wird von
    OnFocus behandelt. Hier muss keine eigene Funktion definiert wer-
    den, denn das Textfeld verfügt bereits über eine Methode, die die
    Markierung vornimmt. Über *this* wird sie für das Objekt selbst auf-
    gerufen. Von *OnChange* wird das Ereignis behandelt, das auftritt,
    wenn das geänderte Feld verlassen wird. Hier wird eine Funktion re-
    gistriert, die den Inhalt prüfen soll.

(2) Das zweite Feld dient nur als Ausgabefeld. Hier sind daher keine Er-
    eignishandler vorgesehen.

(3) Die Schaltfläche soll den Rechenvorgang starten. Also muss für *On-
    Click* wieder eine Funktion angegeben werden.

Das Bild auf der nächsten Seite zeigt das Formular, wie es «in Betrieb»
aussieht.

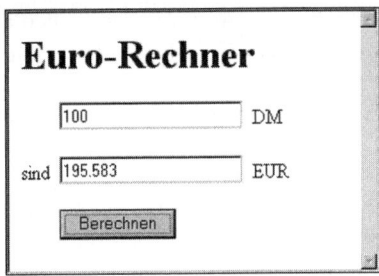

Das Skript, das wieder über den *HEAD*-Bereich geladen wird, definiert nur die beiden Funktonen *test* und *euro*.

```
// Bsp1070.js

function euro() {                              //(1)
  with(document.Rechner) {
    EUR.value=DM.value*1.95583                 //(2)
  }
}

function test(o) {                             //(3)
  if (isNaN(o.value)){                         //(4)
    alert("Keine Zahl")
    o.value=o.defaultValue                     //(5)
    o.focus()                                  //(6)
  }
}
```

(1) Die Funktion *euro* muss nur den Inhalt des ersten Textfeldes mit dem Umrechnungsfaktor multiplizieren und das Ergebnis im zweiten Feld anzeigen.

(2) Die Eigenschaft *value* enthält jeweils den angezeigten Wert der Felder. Die Typumwandlung übernimmt JavaScript, solange die Eingabe aus numerischen Zeichen besteht. Dies wird aber durch die Prüfung sichergestellt.

(3) Diese Prüfung unternimmt die Funktion *test*. Sie erhält als Parameter das zu prüfende Objekt.

(4) Die Funktion *isNaN* übernimmt den eigentlichen Test. Wenn sie *true* liefert, handelt es sich um keine gültige Zahl.

(5) Nach einer Meldung wird wieder der Startwert angezeigt. Dieser von HTML festgelegte Betrag wird von der Eigenschaft *defaultValue* geliefert.

(6) Damit die Eingabe neu erfolgen kann, wird der Fokus sofort wieder auf das fehlerhafte Feld gesetzt.

Dieses Beispiel enthält bereits recht viele Anregungen für die Arbeit mit Formularen. Es hat gezeigt, wie Eingaben geprüft werden, wie der Fokus gesetzt wird und wie Standardwerte wiederhergestellt werden. Dieser Eurorechner lässt sich zwar noch verbessern, bietet aber schon die wichtigsten Dienste für eine sichere Dateneingabe.

Bilder

Ein anderer Objekttyp, der immer wieder von Skripten bearbeitet wird, ist *image* und repräsentiert Bilder. Diese sind informativ, lassen sich als Link einsetzen und ermöglichen viele Animationen. Letztere können natürlich als so genannte *Animated GIFs* realisiert werden. Das sind Dateien, die in einem besonderen Format gespeichert werden und mehrere Bilder enthalten. Diese werden dann vom Browser hintereinander angezeigt. Das nächste Skript zeigt jedoch eine andere Lösung: Es arbeitet mit einzelnen Bildern, die gegeneinander ausgetauscht werden, wenn der Mauszeiger darüber fährt. Außerdem demonstriert es, wie je nach Tageszeit mit anderen Bildern gearbeitet werden kann.

Für diese Zwecke ist die HTML-Datei recht klein. Mehr als ein Bild für einen Link wird nicht benötigt.

```
<!DOCTYPE html PUBLIC
"-//W3C//DTD HTML 4.0 Transitional//EN">
<HTML>
  <HEAD>
    <TITLE>Beispiel 71</TITLE>
    <SCRIPT TYPE="text/javascript"
      SRC="./Bspl071.js">
    </SCRIPT>
  </HEAD>
  <BODY OnLoad="ladeBilder()">            <!--(1)-->
  <A HREF="./Bspl001.htm" ONMOUSEOVER="zwei()"
        ONMOUSEOUT="eins()">              <!--(2)-->
    <IMG NAME="Bild" SRC="">              <!--(3)-->
  </A>
```

```
    </BODY>
  </HTML>
```

(1) Die Bilder, die angezeigt werden sollen, müssen sofort verfügbar sein, wenn das Dokument geladen wurde. Deshalb wird der Handler *OnLoad* benutzt. Ihm wird eine Funktion zugeordnet, die die Bilder vom Server liest.

(2) Den Mausereignissen müssen Funktionen zugeordnet werden, damit ein Bildaustausch und -rücktausch ausgeführt wird, wenn der Mauszeiger über das Bild fährt.

(3) Ein *IMG*-Tag wird definiert, damit ein Bild zum Inhalt des Links wird. Die Angabe zu *SRC* wird erst vom Skript gesetzt, nachdem die Bilder geladen worden sind.

Auch hier wird das Skript im *HEAD*-Bereich geladen.

```
// Bspl071.js

var bilder = new Array(2)                        //(1)

function ladeBilder(){                           //(2)
  var bildname = "./Bild"                        //(3)
  var datum = new Date()                         //(4)
  if(datum.getHours()>11)                        //(5)
    bildname=bildname+"a"                        //(6)
  else
    bildname=bildname+"b"                        //(7)
  for (var i=0;i<bilder.length;i++) {            //(8)
    bilder[i] = new Image()                      //(9)
    bilder[i].src = bildname+(i+1)+".gif"        //(10)
  }
  eins()                                         //(11)
}

function eins() {                                //(12)
  document.images["Bild"].src=bilder[0].src      //(13)
}

function zwei() {                                //(14)
  document.images["Bild"].src = bilder[1].src
}
```

(1) Die Bilder sollen nur einmal geladen werden und müssen danach ständig verfügbar sein. Deshalb wird ein globales Array definiert, in dem sie gespeichert werden können. Es werden hier nur zwei Elemente benötigt, weil für nur ein *IMG*-Tag ein Standard- und ein Austauschbild geladen werden müssen.

(2) Die Funktion *ladeBilder* hat im Prinzip zwei Aufgaben: Sie soll feststellen, welche Bilder geladen werden müssen, und danach diesen Vorgang durchführen.

(3) Die Variable *bildname* dient zum Speichern der Pfadangabe einer Grafikdatei. Sie wird mit einem allen in Frage kommenden Dateien gemeinsamen Präfix vorbelegt.

(4) Die Bildauswahl soll abhängig von der Tageszeit erfolgen. Ab Mittag sollen andere Bilder verwendet werden. Dazu wird hier zunächst das aktuelle Datum erzeugt.

(5) Die Methode *getHours* liefert hier die Stundenangabe. Durch den Vergleich mittels > 11 wird ab Mittag eine andere Auswahl getroffen. Ab Mitternacht (Hours = 0) werden die Alternativen benutzt.

(6) Ab 12:00 Uhr soll der Bildname mit *./Bilda* beginnen

(7) und ansonsten mit *./Bildb*. Deshalb werden die Buchstaben an den Standardpräfix angehängt.

(8) Um die Bilder zu laden, muss das Array gefüllt werden. Wenn die Bilder durchnummeriert und auch in der notwendigen Anzahl auf dem Server gespeichert sind, kann man dies elegant mit einer Schleife lösen. Sobald aber Bilder fehlen oder die Namen anders aufgebaut sind, macht dies Probleme. Daher ist dieser Skriptteil nur als Vorschlag anzusehen. Die Schleife versucht, jedes Element mit einem Bild zu füllen, und geht davon aus, das dieses immer vorhanden ist.

(9) Zunächst wird das Arrayelement mit einem neuen *Image*-Objekt initialisiert. Diese Objekte repräsentieren in JavaScript Grafiken.

(10) Dann wird das Bildobjekt mit der zugehörigen Datei verknüpft. Dazu muss man der Eigenschaft *src* (= source) den Pfad einer Grafikdatei zuweisen. Hier werden dem bisher aufgebauten Präfix die Nummer und die Dateinamenserweiterung *gif* zugewiesen. Es werden also die Dateien *Bilda1.gif* und *Bilda2.gif* bzw. *Bildb1.gif* und *Bildb2.gif* aus dem aktuellen Verzeichnis geladen.

(11) Damit auch bei der erstmaligen Anzeige des Dokumentes ein Bild sichtbar wird, folgt der Aufruf der Funktion *eins*. Die HTML-Datei legt nämlich selbst kein Bild fest.

(12) Diese Funktion soll das Standardbild anzeigen.

(13) In der *document*-Eigenschaft *images* sind alle Bilder der HTML-Datei als Array verfügbar. Sie können wie die Formulare als Array über den Index angesprochen werden. Die Eigenschaft *src* – sie entspricht dem HTML-Attribut *SRC* – wird durch die korrespondierende Eigenschaft des im globalen Array gespeicherten Bildobjektes ersetzt. Dadurch wird dieses nun im Dokument angezeigt.

(14) Die Funktion *zwei* arbeitet genauso, weist aber das zweite Bild zu.

Im Browser ist immer ein Bild sichtbar. Sobald aber der Mauszeiger darüber fährt, wird es gegen ein anderes ausgetauscht. Dadurch kann man beispielsweise durch ein Bild erläutern, wohin der Link führt.

8.4 Zusammenfassung

▨ Das Objekt *navigator* beschreibt das Browserprogramm mit seinen Fähigkeiten; das sichtbare Fenster entspricht dem Objekt *window*.

▨ Neue Fenster werden von *window.open* erzeugt. Ihr Inhalt wird entweder von einer HTML-Datei geliefert oder vom Skript per *write* und *writeln* geschrieben.

▨ Zeitaufträge können mittels *setTimeout* einmalig und durch *setInterval* wiederholt erteilt werden. Die Methoden *clearTimeout* und *clearInterval* heben sie wieder auf.

▨ Durch *self* und das Synonym *window* wird immer das eigene Fenster selbst angesprochen, *top* bezieht sich auf das in der Hierarchie oberste und *parent* auf das jeweils übergeordnete Fenster.

▨ Die Eigenschaft *location* des Objektes *window* liefert die Informationen zur aktuellen URL.

▨ Die Methoden der Eigenschaft *history* manövrieren zurück zu vorher angezeigten Seiten.

▨ Bei Framesets entspricht jeder Rahmen einem untergeordneten Fenster mit einem *document*-Objekt.

▨ Ereignishandler bestimmen, was beim Eintreten der jeweiligen Ereignisse geschieht. Sie beginnen alle mit *On...* und werden zu den HTML-Tags angegeben.

▨ Die den Event-Handlern zugeordneten Funktionen werden in einem Skript definiert, das am besten über den *HEAD*-Bereich geladen wird.

▨ Die Handler können den Objekten auch direkt per Eigenschaft zugewiesen werden.

▨ Ereignisse entsprechen Objekten, deren Eigenschaften Informationen über das Ereignis enthalten.

▨ Die Eigenschaften der *document*-Objekte beschreiben die Darstellung und die Inhalte des Dokumentes.

▨ Inhaltseigenschaften wie *forms*, *links*, *images* usw. sind Arrays gleichartiger Objekte.

▨ Die Punktschreibweise gibt die Hierarchie der Objekte wieder: *document.forms[0].frage.defaultValue*.

▨ Das Schlüsselwort *this* bezieht sich immer auf das aktuelle Objekt.

▨ Grafikdateien werden geladen, wenn ihr Pfad der Eigenschaft *src* eines *Image*-Objektes zugewiesen wird.

8.5 Übungen

Aufgabe 37

Ein Skript soll ein neues Fenster öffnen, das nur über die Titelleiste verfügt und dessen Größe sich nicht ändern lässt. Diese soll 360 × 120 Pixel betragen. Das Fenster soll den Text *Hier könnte Ihre Werbung stehen* anzeigen.

Aufgabe 38

Definieren Sie Event-Handler für ein HTML-Dokument, mit dessen Hilfe ein *Willkommen*-Dialog erscheint, wenn die Seite angezeigt wird. Entsprechend soll ein *Auf Wiedersehen* erscheinen, wenn sie verlassen wird.

Aufgabe 39

Verbessern Sie den Eurorechner so, dass bei einem Klick auf das zweite Textfeld ein Hinweis erscheint, dass nur Eingaben in das erste Feld erlaubt sind. Der Fokus soll dann auf dieses gesetzt werden.

9 Anhang

9.1 Reservierte Wörter

Die folgenden Wörter sind Sprachelemente von JavaScript und haben eine besondere Bedeutung oder sind für spätere Versionen vorgesehen. Sie dürfen nicht als Namen für Variablen, Objekte usw. verwendet werden:

abstract, boolean, break, byte, case, catch, char, class, const, continue, debugger, default, delete, do, double, else, enum, export, extends, false, final, finally, float, for, function, goto, if, implements, import, in, instanceof, int, interface, long, native, new, null, package, private, protected, public, return, short, static, super, switch, synchronized, this, throw, throws, transient, true, try, typeof, var, void, volatile, while, with

9.2 Farbwerte

Farbwerte können sowohl als Zeichenkette, entweder durch das entsprechende Wort oder in der Form *#rrggbb,* als auch durch eine Zahl angegeben werden. Letztere lässt sich ebenfalls am besten als hexadezimaler Wert *0xrrggbb* darstellen. Für *rr* ist jeweils der Rot-, für *gg* der Grün- und für *bb* der Blauanteil entsprechend der folgenden Tabelle einzusetzen. Braun kann beispielsweise folgendermaßen festgelegt werden:

"brown" oder "#A52A2A" oder 0xA52A2A

Farbe	Rot	Grün	Blau
aliceblue	F0	F8	FF
antiquewhite	FA	EB	D7
aqua	00	FF	FF
aquamarine	7F	FF	D4
azure	F0	FF	FF
beige	F5	F5	DC
bisque	FF	E4	C4
black	00	00	00
blanchedalmond	FF	EB	CD
blue	00	00	FF
blueviolet	8A	2B	E2
brown	A5	2A	2A
burlywood	DE	B8	87
cadetblue	5F	9E	A0
chartreuse	7F	FF	00
chocolate	D2	69	1E
coral	FF	7F	50
cornflowerblue	64	95	ED
cornsilk	FF	F8	DC
crimson	DC	14	3C
cyan	00	FF	FF
darkblue	00	00	8B
darkcyan	00	8B	8B
darkgoldenrod	B8	86	0B
darkgray	A9	A9	A9
darkgreen	00	64	00
darkkhaki	BD	B7	6B
darkmagenta	8B	00	8B
darkolivegreen	55	6B	2F
darkorange	FF	8C	00
darkorchid	99	32	CC

Farbe	Rot	Grün	Blau
darkred	8B	00	00
darksalmon	E9	96	7A
darkseagreen	8F	BC	8F
darkslateblue	48	3D	8B
darkslategray	2F	4F	4F
darkturquoise	00	CE	D1
darkviolet	94	00	D3
deeppink	FF	14	93
deepskyblue	00	BF	FF
dimgray	69	69	69
dodgerblue	1E	90	FF
firebrick	B2	22	22
floralwhite	FF	FA	F0
forestgreen	22	8B	22
fuchsia	FF	00	FF
gainsboro	DC	DC	DC
ghostwhite	F8	F8	FF
gold	FF	D7	00
goldenrod	DA	A5	20
gray	80	80	80
green	00	80	00
greenyellow	AD	FF	2F
honeydew	F0	FF	F0
hotpink	FF	69	B4
indianred	CD	5C	5C
indigo	4B	00	82
ivory	FF	FF	F0
khaki	F0	E6	8C
lavender	E6	E6	FA
lavenderblush	FF	F0	F5
lawngreen	7C	FC	00

Farbe	Rot	Grün	Blau
lemonchiffon	FF	FA	CD
lightblue	AD	D8	E6
lightcoral	F0	80	80
lightcyan	E0	FF	FF
lightgoldenrodyellow	FA	FA	D2
lightgreen	90	EE	90
lightgrey	D3	D3	D3
lightpink	FF	B6	C1
lightsalmon	FF	A0	7A
lightseagreen	20	B2	AA
lightskyblue	87	CE	FA
lightslategray	77	88	99
lightsteelblue	B0	C4	DE
lightyellow	FF	FF	E0
lime	00	FF	00
limegreen	32	CD	32
linen	FA	F0	E6
magenta	FF	00	FF
maroon	80	00	00
mediumaquamarine	66	CD	AA
mediumblue	00	00	CD
mediumorchid	BA	55	D3
mediumpurple	93	70	DB
mediumseagreen	3C	B3	71
mediumslateblue	7B	68	EE
mediumspringgreen	00	FA	9A
mediumturquoise	48	D1	CC
mediumvioletred	C7	15	85
midnightblue	19	19	70
mintcream	F5	FF	FA
mistyrose	FF	E4	E1

Farbe	Rot	Grün	Blau
moccasin	FF	E4	B5
navajowhite	FF	DE	AD
navy	00	00	80
oldlace	FD	F5	E6
olive	80	80	00
olivedrab	6B	8E	23
orange	FF	A5	00
orangered	FF	45	00
orchid	DA	70	D6
palegoldenrod	EE	E8	AA
palegreen	98	FB	98
paleturquoise	AF	EE	EE
palevioletred	DB	70	93
papayawhip	FF	EF	D5
peachpuff	FF	DA	B9
peru	CD	85	3F
pink	FF	C0	CB
plum	DD	A0	DD
powderblue	B0	E0	E6
purple	80	00	80
red	FF	00	00
rosybrown	BC	8F	8F
royalblue	41	69	E1
saddlebrown	8B	45	13
salmon	FA	80	72
sandybrown	F4	A4	60
seagreen	2E	8B	57
seashell	FF	F5	EE
sienna	A0	52	2D
silver	C0	C0	C0
skyblue	87	CE	EB

Farbe	Rot	Grün	Blau
slateblue	6A	5A	CD
slategray	70	80	90
snow	FF	FA	FA
springgreen	00	FF	7F
steelblue	46	82	B4
tan	D2	B4	8C
teal	00	80	80
thistle	D8	BF	D8
tomato	FF	63	47
turquoise	40	E0	D0
violet	EE	82	EE
wheat	F5	DE	B3
white	FF	FF	FF
whitesmoke	F5	F5	F5
yellow	FF	FF	00
yellowgreen	9A	CD	32

9.3 Operatoren

Die verschiedenen Operatoren von JavaScript sind in folgender Tabelle nach ihrer Funktionalität gruppiert.

Kategorie	Operator	Beschreibung
Arithmetische Operatoren	+	Addition; addiert zwei Zahlen
	++	Inkrement; erhöht den Wert einer Variablen um 1 und liefert als Präfix den alten oder als Postfix den neuen Wert
	-	Negation bzw. Subtraktion; dreht Vorzeichen um bzw. subtrahiert zwei Zahlen
	--	Dekrement; verringert den Wert einer Variablen um 1 und liefert als Präfix den alten oder als Postfix den neuen Wert
	*	Multiplikation; multipliziert zwei Zahlen
	/	Division; dividiert zwei Zahlen
	%	Modulo; berechnet den Divisionsrest
String-Operatoren	+	Verkettung; fügt zwei Zeichenketten zusammen
	+=	Verkettungszuweisung; fügt die rechte Zeichenkette an die linke an
Logische Operatoren	&&	(Logisches UND) Liefert den ersten Operanden, falls dieser falsch ist, andernfalls den zweiten
	||	(Logisches ODER) Liefert den ersten Operanden, falls dieser wahr ist, andernfalls den zweiten
	!	(Logisches NICHT) Liefert *false*, falls der Operand wahr ist, andernfalls *true*
Bit-Operatoren	&	(Bitweise UND) Liefert eine 1 in einem Bit, wenn beide korrespondierenden Bits eine 1 sind, sonst eine 0
	^	(Bitweise EXKL. ODER) Liefert eine 1 in einem Bit, wenn die korrespondierenden Bits unterschiedlich sind

Kategorie	Operator	Beschreibung
Bit-Operatoren	|	(Bitweise ODER) Liefert eine 1 in einem Bit, wenn wenigstens eines der korrespondierenden Bits 1 ist
	~	(Bitweise NICHT) Schaltet alle Bits im Operanden um
	<<	(Linksverschiebung) Verschiebt die Bits des ersten Operanden um so viel Positionen nach links wie im zweiten Operanden angegeben und füllt rechts mit Nullen auf
	>>	(Vorzeichenerhaltende Rechtsverschiebung) Verschiebt die Bits des ersten Operanden um so viel Positionen nach rechts wie im zweiten Operanden angegeben und behält das Vorzeichenbit
	>>>	(Rechtsverschiebung) Verschiebt die Bits des ersten Operanden um so viel Positionen nach rechts wie im zweiten Operanden angegeben und füllt links mit Nullen auf
Zuweisungs-operatoren	=	Weist den Wert des zweiten Operanden dem ersten zu
	+=	Addiert zwei Zahlen und weist den Wert dem ersten Operanden zu
	-=	Subtrahiert zwei Zahlen und weist den Wert dem ersten Operanden zu
	*=	Multipliziert zwei Zahlen und weist den Wert dem ersten Operanden zu
	/=	Dividiert zwei Zahlen und weist den Wert dem ersten Operanden zu
	%=	Berechnet den Divisionsrest zweier Zahlen und weist den Wert dem ersten Operanden zu
	&=	Berechnet ein bitweises UND und weist den Wert dem ersten Operanden zu
	^=	Berechnet ein bitweises EXKL. ODER und weist den Wert dem ersten Operanden zu
	|=	Berechnet ein bitweises ODER und weist den Wert dem ersten Operanden zu

Kategorie	Operator	Beschreibung
Zuweisungs-operatoren	<<=	Berechnet eine bitweise Linksverschiebung und weist den Wert dem ersten Operanden zu
	>>=	Berechnet eine bitweise Rechts-verschiebung mit Vorzeichenerhalt und weist den Wert dem ersten Operanden zu
	>>>=	Berechnet eine bitweise Rechts-verschiebung und weist den Wert dem ersten Operanden zu
Vergleichs-operatoren	==	Liefert *true*, wenn die Operanden gleich sind
	!=	Liefert *true*, wenn die Operanden verschieden sind
	===	Liefert *true*, wenn die Operanden wert- und typgleich sind
	!==	Liefert *true*, wenn die Operanden verschiedene Werte oder verschiedene Typen haben
	>	Liefert *true*, wenn der linke Operand größer als der rechte ist
	>=	Liefert *true*, wenn der linke Operand größer als oder gleich dem rechten ist
	<	Liefert *true*, wenn der linke Operand kleiner als der rechte ist
	<=	Liefert *true*, wenn der linke Operand kleiner als oder gleich dem rechten ist
Sonstige Operatoren	?:	Berechnet ein *if...then...else*
	,	Berechnet zwei Ausdrücke und liefert das Ergebnis des zweiten
	delete	Löscht ein Objekt, eine Objekteigenschaft oder ein Arrayelement
	new	Erzeugt eine neue Instanz einer Klasse
	this	Bezug auf das aktuelle Objekt
	typeof	Liefert den Typ des auszuwertenden Objekts als Zeichenkette

Kategorie	Operator	Beschreibung
Sonstige Operatoren	void	Deklariert einen zu berechnenden Ausdruck, der keinen Wert zurückliefert

Ihre Rangstufe bestimmt, in welcher Reihenfolge sie ausgewertet werden. In der Tabelle entspricht Rang 1 der höchsten Stufe. Operatoren der gleichen Stufe werden so ausgewertet, wie sie in Ausdrücken von links nach rechts auftreten.

Rang	Operatoren
1	() [] .
2	! ~ - ++ --
3	* / %
4	+ -
5	<< >> >>>
6	< <= > >=
7	== !=
8	&
9	^
10		
11	&&
12			
13	?:
14	= += -= *= /= %= <<= >>= >>>= &= ^= |=
15	,

9.4 JavaScript-Objekte

Die folgende Aufstellung beinhaltet die vordefinierten Objekte verschiedener Objektmodelle in JavaScript. Die Tabellen enthalten ihre wesentlichen Eigenschaften und Methoden mit einer Kurzdefinition.

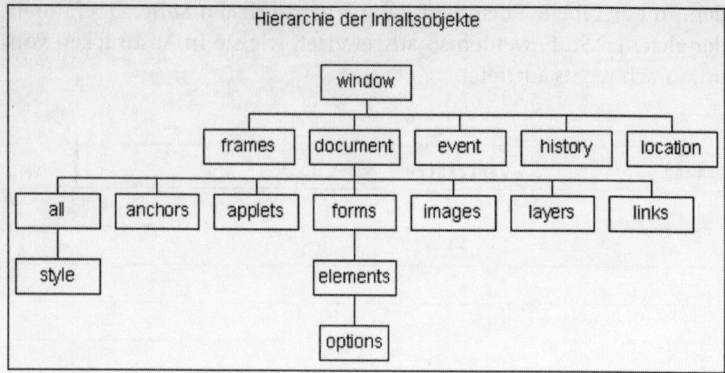

window (Browserfenster- und Rahmenobjekt)	
Eigenschaften	*Methoden*
closed	alert()
geschlossen?	*Dialogfenster für Meldungen*
defaultStatus	back()
Standard-Statuszeile	*zurückblättern*
document	blur()
Dokumentobjekt	*Fenster deaktivieren*
frames	captureEvents()
Rahmenarray	*Ereignisse überwachen*
history	clearInterval()
besuchte URLs	*Timer abbrechen*
innerHeight	clearTimeout()
Höhe der Anzeige	*Timeout abbrechen*
innerWidth	close()
Breite der Anzeige	*Fenster schließen*
length	confirm()
Anzahl Rahmen	*Dialogfenster zum Bestätigen*

window (Browserfenster- und Rahmenobjekt)	
Eigenschaften	Methoden
location *aktuelle Adresse*	disableExternalCapture() *Fremdüberwachung verhindern*
locationbar *Adressleiste*	enableExternalCapture() *Fremdüberwachung erlauben*
menubar *Menüleiste*	find() *suchen*
name *Fenstername*	focus() *Fenster aktivieren*
offscreenBuffering *extra Ausgabepuffer?*	forward() *vorwärts blättern*
opener *erzeugendes Fenster*	handleEvent() *Ereignis verarbeiten*
outerHeight *Höhe des Fensters*	home() *Startseite aufrufen*
outerWidth *Breite des Fensters*	moveBy() *relativ bewegen*
pageXOffset *Position von links*	moveTo() *absolut bewegen*
pageYOffset *Position von oben*	open() *Fenster öffnen*
parent *übergeordnetes Fenster*	print() *drucken*
personalbar *Favoritenleiste*	prompt() *Dialogfenster für Eingaben*
screenX *x-Koord. l. o. Ecke*	releaseEvents() *Ereignisse abschließen*
screenY *y-Koord. l. o. Ecke*	resizeBy() *Größe relativ ändern*
scrollbars *Bildlaufleisten*	resizeTo() *Größe absolut ändern*
statusbar *Statuszeile*	routeEvent() *Event-Handler-Hierarchie durchlaufen*
self *Referenz auf sich*	scrollBy() *relativ scrollen*
status *Statuszeilenanzeige*	scrollTo() *absolut scrollen*

window (Browserfenster- und Rahmenobjekt)	
Eigenschaften	*Methoden*
statusbar	setHotKeys()
Statuszeile	*Tastaturkombinationen einstellen*
toolbar	setInterval()
Symbolleiste	*Timer setzen*
top	setResizable()
Top-Level-Fenster	*Größenänderung einstellen*
window	setTimeout()
Referenz auf sich	*Timeout setzen*
	stop()
	abbrechen

frames (Rahmenobjekt)	
Eigenschaften	*Methoden*
length	
Anzahl Frames	

document (HTML-Dokumentobjekt)	
Eigenschaften	*Methoden*
alinkColor	captureEvents()
Farbe aktiver Links	*Ereignisse überwachen*
anchors	close()
Ankerarray	*schließen*
applets	getSelection()
Appletarray	*selektierten Text liefern*
bgColor	handleEvent()
Hintergrundfarbe	*Ereignisse verarbeiten*
classes	open()
STYLE-Objekt für	*Dokument öffnen*
CLASS-Format	releaseEvents()
cookie	*Ereignisse abschließen*
Cookie	

document (HTML-Dokumentobjekt)	
Eigenschaften	*Methoden*
domain *Domäne des Servers*	routeEvent() *Event-Handler-Hierarchie durchlaufen*
fgColor *Textfarbe*	write() *ins Dokument schreiben*
forms *Formulararray*	writeln() *ins Dokument mit Vorschub schreiben*
height *Dokumenthöhe*	
ids *STYLE-Objekt für CSS*	
images *Bilderarray*	
lastModified *letzte Änderung des Dokuments*	
layers *Layerarray*	
links *Linksarray*	
linkColor *Farbe für Links*	
plugins *Plug-in-Array*	
referrer *zuvor besuchte Seite*	
tags *STYLE-Objekt für Marken*	
title *Dokumenttitel*	
URL *URL-Adresse*	
vlinkColor *Farbe für besuchte Links*	
width *Dokumentbreite*	

all (alle Dokumentkomponenten)	
Eigenschaften	*Methoden*
className	click()
Stylesheet-Klassenname	*Element anklicken simulieren*
eines Elements	contains()
dataFld	*Zeichenkette in Element enthalten?*
Datenfeld	getAttribute()
dataFormatAs	*Attribut ermitteln*
Datentyp	insertAdjacentHTML()
dataPageSize	*Element einfügen*
Anzahl Datensätze	insertAdjacentText()
dataSrc	*Text einfügen*
Datenquelle	removeAttribute()
id	*Attribut entfernen*
ID-Name eines Elements	scrollIntoView()
innerHTML	*zu Element scrollen, bis sichtbar*
HTML-Inhalt eines	setAttribute()
Elements	*Attribut angeben*
innerText	
Text-Inhalt eines Elements	
isTextEdit	
Editierbarkeit	
lang	
Sprache	
language	
Scriptsprache für ein	
Element	
length	
Anzahl Elemente	
offsetHeight	
Höhe	
offsetLeft	
x-Koord. der linken	
oberen Elementecke	
offsetParent	
Koord. Elternelement	
offsetTop	

all (alle Dokumentkomponenten)	
Eigenschaften	*Methoden*
y-Koord. der linken oberen Elementecke	
offsetWidth	
Breite	
outerHTML	
Elementinhalt plus umgebender HTML	
outerText	
Elementinhalt plus umgebenden Texts	
parentElement	
Elternelement	
parentTextEdit	
Editierbarkeit des Elternelements	
recordNumber	
Datensatznummer	
sourceIndex	
Element-Nr.	
tagName	
HTML-Tag	
title	
Elementtitel	

style (Style-Objekt)	
Eigenschaften	*Methoden*
	getAttribute()
	Stylesheet-Attribut ermitteln
	removeAttribute()
	Stylesheet-Attribut entfernen
	setAttribute()
	Stylesheet-Attribut angeben

anchors (Ankerobjekt)	
Eigenschaften	*Methoden*
length *Anzahl Anker*	

applets (Appletobjekt)	
Eigenschaften	*Methoden*
length *Anzahl Applets*	

forms (Formularobjekt)	
Eigenschaften	*Methoden*

action
  Empfängerangabe
encoding
  Kodierungstyp
length
  Anzahl Formulare
method
  get oder put
name
  Formularname
	target
	  Zielfenster für Antworten
	handleEvent()
	  Ereignis verarbeiten
	reset()
	  Formularfelder reinitialisieren
	submit()
	  Formular abschicken

elements (Formularelementobjekt)	
Eigenschaften	*Methoden*
checked	value
angekreuzt?	*Elementinhalt*
defaultChecked	blur()
vorangekreuzt?	*Elementfokus entfernen*
defaultValue	click()
Standardwert	*Element anklicken simulieren*
form	focus()
Formularname	*Fokus auf Element positionieren*
name	handleEvent()
Elementname	*Ereignis verarbeiten*
type	select()
Elementtyp	*Text markieren*

options (Auswahllistenobjekt)	
Eigenschaften	*Methoden*
defaultSelected	
Vorauswahl	
length	
Anzahl Wahlmöglich-	
keiten	
selected	
ausgewählt?	
selectedIndex	
Nummer der markierten	
Option	
text	
Auswahltext	
value	
Auswahlwert	

images (Bildobjekt)	
Eigenschaften	*Methoden*
border	handleEvent()
Rahmen	*Ereignis verarbeiten*
complete	
geladen?	
height	
Höhe	
hspace	
horiz. Abstand	
length	
Anzahl Grafiken	
lowsrc	
geringe Auflösung	
name	
Name	
src	
Grafikdatei	
vspace	
vertikaler Abstand	
width	
Breite	

layers (Schichtobjekt)	
Eigenschaften	*Methoden*
above	captureEvents()
Vordergrund-Layer	*Ereignisse überwachen*
background	handleEvent()
Hintergrundbild	*Ereignisse verarbeiten*
bgColor	load()
Hintergrundfarbe	*Datei laden*
below	moveAbove()
Hintergrund-Layer	*in den Vordergrund schieben*
clip	moveBelow()
Anzeigebereich	*in den Hintergrund schieben*

layers (Schichtobjekt)	
Eigenschaften	*Methoden*

document
   Dokument-Objekt
left
   relative x-Koord. der
   linken oberen Ecke
length
   Anzahl Layer
name
   Name eines Layers
pageX
   x-Koord. der linken
   oberen Ecke
pageY
   y-Koord. der linken
   oberen Ecke
parentLayer
   Eltern-Layer
siblingAbove
   oberhalb liegendes
   Layer-Objekt
siblingBelow
   unterhalb liegendes
   Layer-Objekt
src
   Datei eines Layers
top
   relative y-Koord. der
   linken oberen Ecke
visibility
   Sichtbarkeit
zIndex
   Stapel-Nr. des Layers
	moveBy()
	   Anzahl Pixel verschieben
	moveTo()
	   zu relativer Position verschieben
	moveToAbsolute()
	   zu absoluter Position verschieben
	releaseEvents()
	   Ereignisverarbeitung beenden
	resizeBy()
	   Größe um Anzahl Pixel verändern
	resizeTo()
	   Größe auf Anzahl Pixel ändern
	routeEvent()
	   Handler-Hierarchie durchlaufen

links (Verknüpfungsobjekt)	
Eigenschaften	*Methoden*
length *Anzahl Verweise*	

event (Ereignisobjekt)	
Eigenschaften	*Methoden*

altKey
   Alt *-Taste*
ctrlKey
   Strg *-Taste*
shiftKey
   ⇧ *-Taste*
clientX
   x-Koord. Bildschirm
clientY
   y-Koord. Bildschirm
keyCode
   Tastencode
layerX
   relative x-Koord.
layerY
   relative y-Koord.
modifiers
   Sondertasten
offsetX
   relative x-Koord.
offsetY
   relative y-Koord.
pageX
   relative x-Koord.
pageY
   relative y-Koord.
screenX
   x-Koord. am Bildschirm	

event (Ereignisobjekt)	
Eigenschaften	*Methoden*
screenY *y-Koord. am Bildschirm* which *Tastencode* type *Ereignistyp* x *rel. x-Koord. Eltern* y *rel. y-Koord. Eltern*	

history (Verlaufsobjekt)	
Eigenschaften	*Methoden*
length *Anzahl besuchter Links*	back() *zurückblättern* forward() *vorwärts blättern* go() *zu besuchter URL zurückspringen*

location (Dokument-URL-Objekt)	
Eigenschaften	*Methoden*

hash
  Ankername in der URL
host
  Domain in der URL
hostname
  Domain in der URL
  mit Subdomain, Port
href
  Verweis zu URL
pathname
  Pfad in der URL
port
  Port in der URL
protocol
  Protokoll in der URL
search
  Parameter in der URL
	reload()
	  neu laden
	replace()
	  History-Eintrag überschreiben

Array (Datencontainerobjekt)	
Eigenschaften	*Methoden*

length
  Anzahl Elemente
	concat()
	  Arrays zusammenführen
	join()
	  in Zeichenkette umwandeln
	pop()
	  letztes Element löschen
	push()
	  neue Elemente anfügen
	reverse()
	  Reihenfolge umdrehen
	shift()
	  erstes Element entfernen

Array (Datencontainerobjekt)	
Eigenschaften	*Methoden*

length
   Anzahl Elemente
	slice()
	   Teil-Array bilden
	splice()
	   Elemente löschen und hinzufügen
	sort()
	   sortieren
	unshift()
	   Elemente am Anfang einfügen

Boolean	
Eigenschaften	*Methoden*

Date (Datumsobjekt)	
Eigenschaften	*Methoden*

prototype
   Protoyp
constructor
   Konstruktor
	getDate()
	   Monatstag ermitteln
	getDay()
	   Wochentag ermitteln
	getFullYear
	   Jahr ermitteln (vierstellig)
	getHours()
	   Stundenangabe ermitteln
	getMilliseconds()
	   Millisekundenangabe ermitteln
	getMinutes()
	   Minutenangabe ermitteln
	getMonth()
	   Monat ermitteln
	getSeconds()
	   Sekundenangabe ermitteln

Date (Datumsobjekt)	
Eigenschaften	*Methoden*
	getTime() *Zeitpunkt ermitteln* getTimezoneOffset() *Abweichung der Lokalzeit ermitteln* getUTCDate() *Monatstag ermitteln (UT)* getUTCDay() *Wochentag ermitteln (UT)* getUTCFullYear *Jahr ermitteln (vierstellig) (UT)* getUTCHours() *Stundenangabe ermitteln (UT)* getUTCMilliseconds *Millisekundenangabe ermitteln (UT)* getUTCMinutes() *Minutenangabe ermitteln (UT)* getUTCMonth() *Monat ermitteln (UT)* getUTCSeconds() *Sekundenangabe ermitteln (UT)* getYear() *Jahr ermitteln (Jahr–1900)* parse() *Millisekunden ab dem 1.1.1970* *ermitteln* setDate() *Monatstag setzen* setHours() *Stundenanteil setzen* setMilliseconds() *Millisekundenangabe setzen* setMinutes() *Minutenanteil setzen* setMonth() *Monat setzen*

Date (Datumsobjekt)	
Eigenschaften	*Methoden*
	setSeconds() *Sekundenanteil setzen* setTime() *Datum und Uhrzeit setzen* setUTCDate() *Monatstag setzen (UT)* setUTCFullYear *Jahr setzen (vierstellig) (UT)* setUTCHours() *Stundenangabe setzen (UT)* setUTCMilliseconds *Millisekundenangabe setzen (UT)* setUTCMinutes() *Minutenangabe setzen (UT)* setUTCMonth() *Monat setzen (UT)* setUTCSeconds() *Sekundenangabe setzen (UT)* setYear() *Jahr setzen* toGMTString() *Zeitpunkt in GMT-Format umwandeln* toLocaleString() *Zeitpunkt in lokales Format umwandeln* toSource() *Zeichenkettenrepräsentation* toString() *Ausdruck in Zeichenkettenform* toUTCString *Zeitpunkt in UTC-Format umwandeln* UTC() *GMT-Zeit seit dem 1.1.1970 ermitteln* valueOf() *Ausdruck in Zeichenkettenform*

Function (Funktionsobjekt)	
Eigenschaften	*Methoden*

arguments
  Argumentnamen als
  Array
arity
  Anzahl Argumente
caller
  Name der aufrufenden
  Funktion	

Math (Mathematikobjekt)	
Eigenschaften	*Methoden*

E
  Euler'sche Konst.
LN2
  natürl. Log. von 2
LN10
  natürl. Log. von 10
LOG2E
  dek. Log. von 2
LOG10E
  dek. Log. von 10
PI
  Konstante Pi
SQRT1_2
  Quadratwurzel aus 0,5
SQRT2
  Quadratwurzel aus 2
	abs()
	  Absolutwert
	acos()
	  Arcuscosinus
	asin()
	  Arcussinus
	atan()
	  Arcustangens
	atan2()
	  Arcustangens d. Quotienten
	  v. 2 Werten
	ceil()
	  nächsthöhere ganze Zahl
	cos()
	  Cosinus
	exp()
	  Exponentialberechnung
	floor()
	  nächstniedrigere ganze Zahl

Math (Mathematikobjekt)	
Eigenschaften	*Methoden*

	log()
	   natürlichen Logarithmus berechnen
	max()
	   größere von zwei Zahlen
	min()
	   kleinere von zwei Zahlen
	pow()
	   Potenz berechnen
	random()
	   Zufallszahl ermitteln
	round()
	   kaufmännisch runden
	sin()
	   Sinus
	sqrt()
	   Quadratwurzel
	tan()
	   Tangens

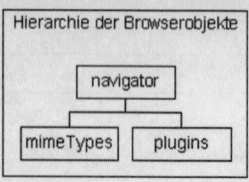

Hierarchie der Browserobjekte

navigator

mimeTypes   plugins

navigator (Browserobjekt)	
Eigenschaften	*Methoden*
appCodeName *Browser-Spitzname* appName *Browser-Name* appVersion *Browser-Version* language *Browser-Sprache* platform *Plattform* userAgent *HTTP-Identifikation*	javaEnabled() *Java verfügbar?*

mimeType (Dateitypenobjekt)	
Eigenschaften	*Methoden*

description
  Beschreibung
enabledPlugin
  Plug-in vorhanden?
length
  Anzahl Mime-Typen
suffixes
  Dateiendungen
type
  Mime-Typ	

plugins (Browsererweiterungsobjekt)	
Eigenschaften	*Methoden*

description
  Beschreibung
filename
  Dateiname
length
  Anzahl Plug-ins
name
  Produktname	

Zentrale Objekte

Number (Zahlobjekt)	
Eigenschaften	*Methoden*

MAX_VALUE
  größte darstellbare Zahl
MIN_VALUE
  kleinste darstellbare
  Zahl
NaN
  keine gültige Zahl
NEGATIVE_INFINITY
  Zahl zu klein
POSITIVE_INFINITY
  Zahl zu groß	

RegExp (Klasse für reguläre Ausdrücke)	
Eigenschaften	*Methoden*

$1...$9
  gefundene Teilketten
constructor
  Konstruktor
global
  gesamte Zeichenkette?
ignoreCase
  Schreibweise ignorieren?
input bzw. $_
  Analysetext
lastIndex
  Pos. nach letztem Fund
lastMatch bzw. $&
  letzter Fund
	compile()
	  Ausdruck vorkompilieren
	exec()
	  Ausdruck anwenden
	test()
	  Ausdruck testen
	toSource()
	  Zeichenkettenrepräsentation
	toString()
	  Ausdruck in Zeichenkettenform
	valueOf()
	  Ausdruck in Zeichenkettenform

windRegExpow (Klasse für reguläre Ausdrücke)	
Eigenschaften	*Methoden*
lastParen bzw. $+ *letzter Teilkettenfund* leftContext bzw. $` *Text links vom Fund* multiline bzw. $* *in Folgezeilen fortfahren?* prototype *Prototyp* rightContext bzw. $' *Text rechts vom Fund* source *Suchmuster*	

screen (Bildschirmobjekt)	
Eigenschaften	*Methoden*
availHeight *verfügbare Höhe* availWidth *verfügbare Breite* colorDepth *Farbtiefe* height *Höhe* pixelDepth *Farbtiefe* width *Breite*	

String (Zeichenkettenobjekt)	
Eigenschaften	*Methoden*

length
  Anzahl Zeichen
prototype
  Protoyp
constructor
  Konstruktor
	anchor()
	  Verweisanker erzeugen
	big()
	  Schrift vergrößern
	blink()
	  blinken
	bold()
	  fett setzen
	charAt()
	  Zeichen an einer Position ermitteln
	charCodeAt()
	  Latin-1-Codewert an einer Position
	concat()
	  Zeichenketten verketten
	fixed()
	  Teletype-Text erzeugen
	fontcolor()
	  Schriftfarbe setzen
	fontsize()
	  Schriftgröße setzen
	fromCharCode()
	  Unicode-Zeichenkette erzeugen
	indexOf()
	  Position eines Zeichens ermitteln
	italics()
	  kursiv setzen
	lastIndexOf()
	  letzte Position eines Zeichens ermitteln
	link()
	  Verweis erzeugen
	match()
	  Ausdruck anwenden
	replace()
	  ersetzen
	search()
	  suchen

String (Zeichenkettenobjekt)	
Eigenschaften	*Methoden*
	slice() *Teilkette extrahieren* small() *Schrift verkleinern* split() *Zeichenkette aufsplitten* strike() *durchstreichen* sub() *tiefstellen* substr() *Teilzeichenkette ab Position ermitteln* substring() *Teilzeichenkette ermitteln* sup() *hochstellen* toLowerCase() *alles kleinschreiben* toSource() *Zeichenkettenrepräsentation* toString() *Zeichenkettenrepräsentation* toUpperCase() *alles großschreiben* valueOf() *Objektwert*

9.5 Abkürzungen

ADO	ActiveX Data Objects
API	Application Programming Interface
ASP+	Active Server Pages Plus
COFF	Common Object File Format
COM	Component Object Model
COM+	Component Object Model Plus
CORBA	Common Object Request Broker Architecture
DLL	Dynamically Linked Library
DOM	Document Object Model
ECMA	European Computer Manufacturers Association
GUI	Graphical User Interface
HTML	Hypertext Markup Language
IDL	Interface Definition Language
IE	Internet Explorer
JavaIDL	Java Interface Definition Language
MIDL	Microsoft Interface Definition Language
OMG	Object Management Group
OMGIDL	Object Management Group Interface Definition Language
XML	Extensible Markup Language
XSD	XML Schema Definition

9.6 Lösungen zu den Übungsaufgaben

Lösung zu Aufgabe 1

```
<!DOCTYPE html PUBLIC
"-//W3C//DTD HTML 4.0 Transitional//EN"> <HTML>
  <HEAD>
    <TITLE>Aufgabe 1</TITLE>
  </HEAD>
  <BODY>
    <H1>
      Herzlich willkommen mit dem <I>
<SCRIPT TYPE="text/javascript">
<!--
document.write(navigator.appName)
// -->
```

```
</SCRIPT>
     </I>auf meiner Homepage.
   </H1>
   <P>Ihre Versionsangaben lauten: <I>
<SCRIPT TYPE="text/javascript">
<!--
document.write(navigator.appVersion)
// -->
</SCRIPT>
     </I>
   </P>
</BODY>
</HTML>
```

Lösung zu Aufgabe 2

JavaScript beachtet die Groß-/Kleinschreibung. Es muss hier der Objektname *document* klein geschrieben werden.

Lösung zu Aufgabe 3

```
// Aufg003.js
document.writeln("7 + 3 = <I>",7+3,"<\/I><BR>")
document.write("7 - 3 = <I>",7-3,"<\/I><BR>")
document.write("7 * 3 = <I>",7*3,"<\/I><BR>")
document.write("7 / 3 = <I>",7/3,"<\/I><BR>")
document.write("Rest von 7 / 3 = <I>",7%3,
  "<\/I><BR>")
```

Wichtig ist es, innerhalb von JavaScript bei der Endmarke das Escapezeichen \ zu verwenden.

Lösung zu Aufgabe 4

```
// Aufg004.js

var liter,km

document.write("<BR>Benzinverbrauch<BR>")
km = prompt("Gefahrene Kilometer:",0)
```

```
liter = prompt("Benzinverbrauch:",0)
document.write("<BR>Gefahrene Kilometer: ",km," km")
document.write("<BR>Benzinverbrauch: ",liter," l")
document.write("<BR>Verbrauch = ",
        liter * 100 / km," l/100km.")
```

Lösung zu Aufgabe 5

a) richtig
b) falsch, denn links steht ein Ausdruck
c) falsch, denn der Variablenname beginnt mit einer Ziffer
d) richtig
e) richtig

Lösung zu Aufgabe 6

Die Variable *summe* hat einen undefinierten Wert. Richtig wäre

```
var summe=0.0...
```

Lösung zu Aufgabe 7

```
// Aufg007.js

function min(x, y) {
  if (x < y)
    return x
  else
    return y
}
```

Lösung zu Aufgabe 8

```
// Aufg008.js

function abs(wert) {
  if(wert > 0.0)
    return wert
  else
```

```
      return -wert
}
```

Lösung zu Aufgabe 9

```
// Aufg009.js

function vorzeichen(wert) {
  if(wert > 0.0)
    return 1
  else if(wert < 0.0)
    return -1
  else
    return 0
}
```

Lösung zu Aufgabe 10

a) Das Ergebnis ist immer ein positiver Wert, denn wenn *x* kleiner als 0 ist, wird das Vorzeichen durch -*x* umgedreht.

b) Das Ergebnis ist immer eine physikalisch gültige Temperatur, denn Werte unterhalb des absoluten Nullpunktes (-273.15 °C) gibt es nicht.

Lösung zu Aufgabe 11

a) falsch
b) wahr
c) wahr
d) wahr

Lösung zu Aufgabe 12

```
// Aufg012.js

function hoch(wert, potenz) {
  var ergebnis = 1
  if(potenz == 0)
    return 1// laut Definition
  else if(potenz < 0)
    return -1 // ungültiger Wert
```

```
  else {
    for(var i=1; i<=potenz; i++)
      ergebnis = ergebnis * wert
    return ergebnis
  }
}
```

Lösung zu Aufgabe 13

Die Funktion stellt fest, ob es sich bei dem Parameter um einen Umlaut handelt oder nicht. Ist das Zeichen ein Umlaut, wird *true* (logisch wahr) zurückgegeben, andernfalls *false* (logisch falsch).

Lösung zu Aufgabe 14

```
...
document.write(
  "<BR>Sie haben einen Gro&szlig;buchstaben eingegeben.")
document.write(
  "<BR>Sie haben einen Kleinbuchstaben eingegeben.")
...
```

Lösung zu Aufgabe 15

```
// Aufg015.js

var temperatur

temperatur = prompt("Bitte Temperatur eingeben:",0)
if (temperatur >= 100)
  document.write("Das Wasser verdampft.")
else if (temperatur > 0)
  document.write("Das Wasser bleibt fl&uuml;ssig.")
else
  document.write("Das Wasser gefriert.")
```

Lösung zu Aufgabe 16

Es fehlen fast alle *break*-Anweisungen. Außerdem müssen die Zeichenkonstanten beim *case* in Anführungszeichen oder Apostrophe gesetzt werden, zum Beispiel *case '0':*, *case "1":* usw. Alternativ kann *option* mittels *parseInt* in eine Zahl umgewandelt werden. In den Formeln für Kelvin und Rankine arbeitet das Pluszeichen als Textverkettung. Mindestens hier muss *temperatur* mittels *parseFloat* konvertiert werden.

Lösung zu Aufgabe 17

a) 10 Schleifendurchläufe: 0 1 2 3 4 5 6 7 8 9
b) 10 Schleifendurchläufe: 10 9 8 7 6 5 4 3 2 1
c) 5 Schleifendurchläufe: 1 4 7 10 13
d) 6 Schleifendurchläufe: 0 0.5 1.0 1.5 2.0 2.5
e) Die Schleife wird keinmal durchlaufen, denn i < 0 ist falsch.

Lösung zu Aufgabe 18

Der Text *Hallo Welt!* wird 15-mal gedruckt.

Lösung zu Aufgabe 19

Die *for*-Schleife selbst sorgt dafür, dass nur die ungeraden Zahlen addiert werden, da sie bei 1 beginnt und dann in Zweierschritten hochgezählt wird.

```
// Aufg019.js

var n,summe=0

n = prompt("Bitte geben Sie den Wert für n ein:",0)
for(var x=1; x<=n; x=x+2)
  summe=summe+x
document.write(
  "<BR>Die Summe aller ungeraden Zahlen von ")
document.write("1 bis ",n," ist ",summe,"<BR>")
```

Lösung zu Aufgabe 20

```
// Aufg020.js

var zeile,spalte
```

```
for(zeile=20; zeile >= 1; zeile=zeile-1) {
  for(spalte=1; spalte <= zeile; spalte++)
    document.write("*")
    document.write("<BR>")
}
```

In der Markierung können Sie statt *zeile=zeile-1* auch den besseren Dekrementoperator (siehe Kapitel 3.3.4) einsetzen, also *zeile--* schreiben. Er ist das Gegenstück zum Inkrementoperator und verringert den Wert einer Variablen um 1.

Lösung zu Aufgabe 21

```
// Aufg021.js

var n,x,produkt=1

document.write("Fakult&auml;tsberechnung<BR>")
n = prompt("Bitte n eingeben :",0)
for(x=1; x<=n; x++)
  produkt=produkt*x
document.write("<BR>",n,"! = ",produkt)
```

Der höchste Wert, der berechnet werden kann, ist 170. Wenn Sie größere Zahlen eingeben, liefert das Programm sofort erkennbare Fehler (d. h. *Infinity*). Aber auch bei niedrigeren Werten als 170 sind die Ergebnisse schon ungenau.

Lösung zu Aufgabe 22

a) while(summe != 1000)

b) while(x == y)

c) while(zahl >= n)

d) while(x-y != 145)

e) while(a*b == c*d)

Lösung zu Aufgabe 23

```
// Aufg023.js

var n,summe=0
n = prompt("Bitte geben Sie den Wert für n ein:",0)
x=1
while(x <= n) {
  summe=summe+x
  x=x+2
}
document.write(
    "<BR>Die Summe aller ungeraden Zahlen von ")
document.write("1 bis ",n," ist ",summe,"<BR>")
```

Lösung zu Aufgabe 24

```
// Aufg024.js

var zahl

do {
  zahl = prompt("Bitte Zahl kleiner 0 eingeben:",0)
} while(zahl >= 0)
```

Lösung zu Aufgabe 25

Die Abbruchbedingung in der Zeile

```
...
while(wert != restwert)
...
```

führt dazu, dass das Programm in den meisten Fällen nicht abbricht, da die Bedingung != immer nur dann erfüllt ist, wenn beide Werte nicht genau gleich sind. Auf Grund der Berechnung im Programm ist das aber eher unwahrscheinlich. Eine bessere Lösung ist:

```
...
while(wert > restwert)
...
```

Lösung zu Aufgabe 26

Gesucht wird bei

a) nach den Texten *Hans Müller* oder *Müller, Hans.*
b) nach römischen Zahlen: vorher steht Leerstelle, danach folgt Leerstelle oder Punkt.
c) nach Uhrzeiten: genau zwei Ziffer, dann Doppelpunkt, gefolgt von genau zwei Ziffern.
d) nach Nummerierungen: mindestens eine Ziffer, gefolgt vom Punkt und Whitespace.

Lösung zu Aufgabe 27

Die regulären Ausdrücke lauten:

a) /\S+ AG|\S+ GmbH/
   Durch \S+ werden auch die Namen vor dem Zusatz AG bzw. GmbH gesucht. Dieses Symbol muss nach dem | wiederholt werden, da entweder nur die rechte oder nur die linke Seite von | zutrifft.
b) /\b[0-3][0-9].[0-1][0-9].\d{4}\b/
   Das Datum wird so gesucht: als Wortzwischenraum, gefolgt von einer 0, 1, 2 oder 3, der eine Ziffer von 0 bis 9 folgt. Dann kommt ein Punkt, an den sich zuerst eine 0 oder 1, dann eine Ziffer von 0 bis 9 anschließt. Dann kommt wieder ein Punkt, eine 4-stellige Zahl und ein Wortzwischenraum. Es geht natürlich auch einfacher: /\b\d{2}.\d{2}.\d{4}\b/. Das ist aber weniger präzise.
c) /\d+,\d{2} EUR/
   Die Beträge werden als mindestens eine Ziffer, gefolgt von Komma und genau 2 weiteren Ziffern, interpretiert, woran sich die Zeichenfolge *EUR* anschließt.

Lösung zu Aufgabe 28

```
// Aufg028.js

var text = "Willkommen"
for(var i=0; i < text.length; i++){
  var b=text.substr(i,1)
  document.write(b.fontsize(7-i))
}
```

Lösung zu Aufgabe 29

```
// Aufg029.js

var mail = prompt("E-Mail-Adresse eingeben:")

if (!/@/.test(mail))
  alert("Das ist keine korrekte E-Mail-Adresse")
else
  document.write(mail)
```

Lösung zu Aufgabe 30

```
// Aufg030.js

function firstUpper(str) {
  return str.substr(0,1).toUpperCase()
      +str.substring(1).toLowerCase()
}


var text1 = "hallo", text2 = "LEUTE"

document.write(firstUpper(text1)," "
          ,firstUpper(text2))
```

Lösung zu Aufgabe 31

```
// Aufg031.js

var namen = ["Melanie", "Alexander", "Fabian",
        "Leonie", "Christoph", "Hagen",
        "Katharina", "Lorena"]

namen.sort()
for (var i=0;i < namen.length;i++)
  document.write("<BR>",namen[i])
```

Lösung zu Aufgabe 32

```
// Aufg032.js

var namen = "Melanie,       Alexander,   Fabian,\
  Leonie, Christoph, Hagen, Katharina,       Lorena"
var arr

arr = namen.split(/,\s*/)
document.write(arr.join("<BR>"))
// Elementlängen prüfen
for (var i=0; i< arr.length;i++)
  document.write("<BR>",arr[i].length)
```

Lösung zu Aufgabe 33

```
// Aufg033.js

var heute = new Date()
var weihnachten = new Date(heute.getFullYear(),11,25)

document.write("<BR>",heute.toLocaleString())
document.write("<BR>",weihnachten.toLocaleString())
```

Lösung zu Aufgabe 34

```
// Aufg034.js

function toGermString(datum){
  var wtage = ["Sonntag","Montag","Dienstag"
               ,"Mittwoch","Donnerstag"
               ,"Freitag","Samstag"]
  var monate = ["Januar","Februar","März"
                ,"April","Mai","Juni"
                ,"Juli","August","September"
                ,"Oktober","November","Dezember"]
  var tag = wtage[datum.getDay()]
  var monat = monate[datum.getMonth()]
  return tag.concat(", ",datum.getDate(),". "
          ,monat," ",datum.getFullYear())
}


var heute = new Date()
var weihnachten = new Date(heute.getFullYear(),11,25)

document.write("<BR>",toGermString(heute))
document.write("<BR>",toGermString(weihnachten))
```

Lösung zu Aufgabe 35

```
// Aufg035.js

var r = 10
var f = Math.pow(r,2)*Math.PI

document.write("<BR>Fl&auml;che: ",f)
```

Lösung zu Aufgabe 36

```
// Aufg036.js

var datum

do {
  datum = prompt("Datum eingeben: ",new Date())
}while(isNaN(Date.parse(datum)))
document.write("<BR>",datum)
```

Lösung zu Aufgabe 37

```
// Aufg037.js


var infoWnd = window.open("","Banner"
      ,"resizable=no,height=120,width=360")

infoWnd.document.open()
infoWnd.document.write("<HTML><HEAD>")
infoWnd.document.write("<TITLE>Banner<\/TITLE>")
infoWnd.document.write("<\/HEAD><BODY>")
infoWnd.document.write("<H1>"
    ,"Hier k&ouml;nnte Ihre Werbung stehen"
    ,"<\/H1>")
infoWnd.document.write("<\/BODY><\/HTML>")
infoWnd.document.close()
```

Lösung zu Aufgabe 38

```
<!DOCTYPE html PUBLIC
"-//W3C//DTD HTML 4.0 Transitional//EN">
<HTML>
  <HEAD>
    <TITLE>Aufgabe 38</TITLE>
  </HEAD>
  <BODY
  OnLoad="alert('Willkommen auf meiner Homepage!')"
  OnUnload="alert('Auf Wiedersehen!')">
```

```
</BODY>
</HTML>
```

Lösung zu Aufgabe 39

```
<!DOCTYPE HTML PUBLIC
"-//W3C//DTD HTML 4.0 Transitional//EN">
<HTML>
  <HEAD>
    <TITLE>Aufgabe 39</TITLE>
    <SCRIPT TYPE="text/javascript"
      SRC="./Aufg039.js">
    </SCRIPT>
  </HEAD>
  <BODY>
    <H1>Euro-Rechner</H1>
    <FORM NAME="Rechner">
             
      <INPUT TYPE="text" NAME="DM" VALUE="0"
        SIZE="20" OnFocus="this.select()"
        OnChange="test(this)">
       DM
      <BR>
      <BR>
      sind 
      <INPUT TYPE="text" NAME="EUR" VALUE="0"
        SIZE="20" OnFocus="hinweis()">
       EUR
      <BR>
      <BR>
             
      <INPUT TYPE="button" NAME="rechnen"
        VALUE="Berechnen" ONCLICK="euro()">
    </FORM>
    </P>
  </BODY>
</HTML>
```

```
// Aufg039.js

function euro() {
  with(document.Rechner) {
```

```
    EUR.value=DM.value*1.95583
  }
}

function test(o) {
  if (isNaN(o.value)){
    alert("Keine Zahl")
    o.value=o.defaultValue
    o.focus()
  }
}

function hinweis() {
  alert("Nur DM-Betrag eingeben!")
  document.Rechner.DM.focus()
}
```

9.7 Register

!! 62
!= 52
!== 52

$1 128

&& 61

.js 22

? : 52

|| 62

< 52
<= 52

== 52, 53
=== 52, 56

> 52
>= 52

abs 158
Addition 20
Adressleiste 168
alert 99, 178
alinkColor 187
Analysemethoden 104
Animated GIFs 194
Anklicken 179
Antivalenz 66
Anweisung
    bedingte 54
Anweisungen
    überspringen 91
Apostroph 72
appCodeName 25
appName 26
appVersion 26
Äquivalenz 67
Array
    initialisieren 141
    Literal 141

Arraygrenzen 140
Arrays 138
    Elemente bearbeiten 145
    mehrdimensionale 151
    ordnen 142
ASCII 105
Ausdruck
    regulärer 113, 115, 149
Auswertung
    Reihenfolge 62

back 174, 179
Berechnungen 157
bgColor 187
Bildauswahl 196
Bildbereichen 190
Bilder 194
    animieren 194
Bildlaufleisten 168
Bildobjekt 196
Boolean 159
break 71, 90, 92
Browser
    für das Buch 12
    Identifikation 125
Browserfähigkeiten 24

captureEvents 181
case 70
ceil 159
charAt 105
charCodeAt 105
checked 188
clearInterval 172
clearTimeout 172
close 168
closed 169
COLOR 133
compile 122
Computerzeit 154
concat 107, 146
confirm 126
continue 90, 91
current 174

Date 154
Datum
    erzeugen 155
Datumsangaben 153
default 70
defaultCkecked 188
defaultStatus 172
defaultValue 188, 194
delete 147
directories 168
Division 19
Divisionsrest 20
do 88
Document Objekt Model 165
Dokumentobjekte 184
DOM 165
Download 14

Eingabeaufforderung 34
Eingaben
    prüfen 191
Elemente
    Anzahl 140
else 57
else if 59
Endlosschleife 83
Endwert 80
Entscheidungen
    in Ausdrücken 51
Eqv 67
Ereignishandler 181, 189
Ereignisobjekt 181, 182
    Eigenschaften 183
Ereignistypen 181
Ersatzkette
    per Funktion 134
Ersatztext 131
Ersetzen 111
escape 73
Escapesequenzen 99, 100
Escapezeichen 21
eval 36, 84, 98
Event.CLICK 181
Event.LOAD 181
Event.MOVE 181
Event-Handler 178
exec 111, 118, 122, 127, 149

false 32, 33
Fenster
    erzeugen 167
    Optionen 168
Fensterbreite 168
Fensterereignisse 177
Fensterhöhe 168
Fensterobjekte 165
Fensterreferenzen 170
Fettschrift 21
fgColor 187
Flag 121
floor 159
FONT 43, 133
for 78
for ... in 83
forms 187
Formulare 191
Formularobjekte 188
forward 174
FRAME 175
FRAMESET 175
fromCharCode 107
function 38
Funktion 37
    anonyme 135
    Definitionsskript 40
    Parameter 42
    prozedurale 38
    Rückgabewert 43

getFullYear 157
getHours 196
getYear 157
global 121, 127
GMT 153
go 174
goto 94
Großbuchstaben 109
Grundwissen 13

Hallo Welt 15
height 168
Hintergrundfarbe 187
history 173, 179
href 188
HTML 13
    dynamisches 9

if 54
ignoreCase 121, 127
Image 196
images 197
Imp 67
Implikation 67
Index 140
indexOf 105
Initialisierung 30
Inkrementoperator 46, 91
input 127
isNaN 161, 193
Iterationen 77

Java
  Unterschiede zu JavaScript 10
javascript: 179
JavaScript-Objekte 210
join 141, 148

Kartenspielsymbole 108
Kleinbuchstaben 109
Kommentar
  einzeilig 17
  HTML 17
  mehrzeilig 17
Konstanten 29

Label 93
Ladezustand
  überwachen 178
LANGUAGE 16
lastIndex 122
lastIndexOf 106
lastMatch 128
lastParen 128
leftContext 128
length 98, 102, 140
linkColor 187
Linkleiste 168
links 188
location 168, 173

Manövrieren 173
match 111, 118, 121, 149
Math 92, 157
max 158
MAX_VALUE 160

Maximum 157
menubar 168
Menüleiste 168
Methode 37
min 158
MIN_VALUE 160
Minimum 157
Modulo 20
Monitoreigenschaften 39
multiline 127
Multiplikation 19

NaN 35, 155, 160
NAND 66
navigator 25, 84, 166
NEGATIVE_INFINITY 160
new 98
NICHT 62
NOR 66
NOSCRIPT 23
null 40
Number 159

Objektmanipulationen 36
ODER 61
  exklusiv 66
OnChange 192
OnClick 179, 192
OnFocus 192
OnLoad 178, 195
open 167
opener 169
Operator
  ternärer 52
  logischer 60

parent 170, 177
parse 155
parseFloat 35
parseInt 35
per reference 162
per value 162
PI 158
Platzhalter 115, 133
Pluszeichen 33
pop 146
POSITIVE_INFINITY 160
Potenzrechnungen 159

pow 159
PRE 82, 108
previous 174
Programmschleifen 77
prompt 34, 78
Punktschreibweise 18
push 147

Quadratwurzelberechnung 157

Rahmen 175
random 159
referrer 187
RegExp 113, 121
Regular Expressions 111
reload 174
replace 111, 131, 134, 174
resizable 168
return 44
rightContext 128
round 92, 159
Runden 92

Schachtelungstiefe 82
Schaltjahr 70
Schleife
    abbrechen 90
    abweisend 94
    aussetzen 89
    Bedingungs- 85
    do 88
    für Objekteigenschaften 83
    fußgesteuert 94
    geschachtelte 81
    kopfgesteuert 94
    Schachtelung 91
    unterbrechen 91
    verschachtelte 93
Schleifenkörper 79
Schleifensteuerung 87
Schleifenvariablen 87
screen 39, 84
SCRIPT 16
scrollbars 168
search 111, 112
self 168
Semikolon 20, 56
setInterval 172

setTimeout 168, 172
shift 146
Skript
    auslagern 22
Skriptalternativen 23
slice 110, 147
Smileys 108
sort 143
Sortierfolge 143
source 127
splice 147
split 148
Sprachsyntax 10
src 197
SRC 23, 195
Startwert 79
status 168, 172
Statusleiste 168, 170
Stellenanzahl 82
String 98
substr 102, 109
substring 110
Subtraktion 20
Suche
    einfache 111, 112
    komplexe 111, 118
Suchmuster 114, 117, 126
switch 69
Symbolleiste 168

TARGET 167
test 111, 113
Text
    in Dezimalzahl umwandeln 35
    in Zahl umwandeln 35
mehrzeiliger 125
text/javascript 16
Textfarbe 187
Textmanipulationen 106
this 185, 188
Titel 187
title 187
toGMTString 155
toLocaleString 155
toLowerCase 109, 144
toolbar 168
top 170
Top-Level-Fenster 170

toString 72, 102, 141, 148, 155
toUpperCase 109, 144
toUTCString 155
true 32, 33
TYPE 16
Typen 31
　　umwandeln 32

UND 61
undefined 30
unescape 73
Unicode 108
Unicodewert 105
unshift 147
userAgent 26
UT 153
UTC 153

value 188, 193
var 30
Variablen 29
　　globale 46
　　Lebensdauer 45
　　lokale 46
　　Sichtbarkeit 45
　　Übergabe an Funktionen 161
　　verdecken 46
Variablennamen 31
Vergleichsfunktion 143
Vergleichsoperatoren 52
Verkettung 33
Verzweigung
　　einfache 57
　　geschachtelte 59
　　mehrfache 69
vlinkColor 187

Wahrheitstabellen 60, 68
Werte
　　logische 33, 64
　　numerische 33

while 85, 89
width 168
Wiederholungen 77
Wiederholungsstrukturen 77
Windows Scripting 10
Windows Scripting Host 12
Winkelfunktionen 157
with 36
Wrapper 159
wrapper classes 159
write 18
writeln 20

XNOR 67
XOR 66

Zahlensysteme 71
Zählintervall 80
Zählschleifen 77
Zählvariable 78
Zeichenketten 97
　　als Array 148
　　analysieren 104
　　ersetzen 131
　　erzeugen 97
　　HTML-Formate für 101
　　Länge 98
　　Literale 97
　　Objekte 97
　　Teilkette 102
　　umformen 108
　　verketten 106
　　zerlegen 106, 148
Zeilenschaltung 21
Zeilenumbruch 20, 125
　　im Quellcode 120
Zeitangaben 153
Zeitunterschied 157
Zufallszahlen 159

Grundkurs Computerpraxis

Helmut Erlenkötter
HTML *Von der Baustelle bis Javascript*
(rororo coumputer 60085)

Helmut Erlenkötter /
Volker Reher
Java *HTML, Skripts, Applets und Anwendungen*
(rororo computer 19872)

Helmut Erlenkötter
JavaScript
Programme für die Website
(rororo computer 61201)

Helmut Erlenkötter
Java-Applikationen
Anwendungsprogrammierung mit JFC
(rororo computer 19898)

Georg Brinkamnn /
Gregor Kuhlmann /
Werner Wehmeier
Sage KHK Classic Line 2000
(rororo computer 60062)

Peter Freese
MS-DOS *bis Version 6.2*
(rororo computer 19259)

Ernst Tiemeyer
MS-Project *Projekte erfolgreich planen und managen*
(rororo computer 60065)

Benno Brudermanns /
Ernst Tiemeyer
Office 2000 kompakt *Das Zusammenspiel optimieren*
(rororo computer 60066)

Office 97: Lösungen mit PowerPoint
(rororo computer 19869)

Peter Freese
PC-Starter *Computer einfach bedienen*
(rororo computer 6007

rororo computer

Weitere Informationen in der
Rowohlt Revue, kostenlos im
Buchhandel, und im **Internet:**
www.rororo.de